Universidade hoje

AS EMPRESAS JAPONESAS

Masaru Yoshimori

Martins Fontes

Título original: LES ENTREPRISES JAPONAISES
Publicado por Presses Universitaires de France, col. Que Sais-je?

1ª edição brasileira: outubro de 1989

Tradução: Edison Darci Heldt
Revisão da tradução: Pier Luigi Cabra
Revisão tipográfica: Andréa Stahel M. da Silva
Maria Corina Rocha

Produção gráfica: Geraldo Alves
Composição: Oswaldo Voivodic
Antonio José da Cruz Pereira
Ademilde L. da Silva
Paste-up: Moacir K. Matsusaki

Capa — Projeto: MF
Arte-final: Moacir K. Matsusaki
Ilustração: Tóquio à noite

Dados de Catalogação na Publicação (CIP) Internacional
(Câmara Brasileira do Livro, SP, Brasil)

Yoshimori, Masaru.
Empresas japonesas : créditos / Masaru Yoshimori ; tradução Edison Darci Heldt. -- São Paulo : Martins Fontes, 1989. -- (Coleção universidade hoje)

Bibliografia.

1. Administração de empresas - Japão 2. Empresas - Japão 3. Japão - Condições sociais I. Título. II. Série.

89-1936 CDD-658.00952
-952

Índices para catálogo sistemático:

1. Japão : Administração de empresas 658.00952
2. Japão : Condições sociais 952
3. Japão : Empresas : Administração 658.00952
4. Japão : Gestão de empresas 658.00952

Rua Conselheiro Ramalho, 330/340 — Tel.: 239-3677
01325 — São Paulo — SP — Brasil

AS EMPRESAS JAPONESAS

Universidade hoje

Apresentação de Machado de Assis — *I. Teixeira*
A literatura hispano-americana — *J. Joset*
A civilização helenística — *P. Petit*
A literatura grega — *F. Robert*
A religião grega — *F. Robert*
A psicologia social — *J. Maisonneuve*
O inconsciente — *J.-C. Filloux*
A crítica literária — *P. Brunel, D. Madelénat, J.-M. Gliksohn* e *D. Cou*
Sociologia do direito — *H. Lévy-Bruhl*
As teorias da personalidade — *S. Clapier-Valladon*
Literatura brasileira — *L. Stegagno Picchio*
A crítica de arte — *A. Richard*
As primeiras civilizações do Mediterrâneo — *J. Gabriel-Leroux*
A economia dos Estados Unidos — *P. George*
A idéia de cultura — *V. Hell*
História da educação — *R. Gal*
História dos Estados Unidos — *R. Rémond*
As empresas japonesas — *Masaru Yoshimori*

Em preparação

Descartes — *G. Pascal*
Os celtas — *V. Kruta*
Epistemologia genética — *J. Piaget*

Índice

Prefácio

O leitor que aborda a obra do professor Masaru Yoshimori pode se considerar uma pessoa de muita sorte; afinal o que lhe está sendo oferecido é um prazer para o espírito.

Esse estudo sobre a gestão das empresas japonesas poderia ter sido assinado por um ocidental que conhecesse muito bem os costumes nipônicos; do mesmo modo, pode-se pensar que tenha sido realizado por um japonês que conhece perfeitamente o assunto. Na verdade, é melhor do que isso: de certa maneira, ele tem as características de um *duplo espelho*, no qual, por um lado um japonês autêntico analisa sua própria cultura sob a perspectiva de um ocidental bem informado; e, por outro, tece a reflexão — no sentido literal do termo — de um japonês bem informado preocupado em medir a originalidade específica do Ocidente em relação a suas próprias raízes. Essa dupla ação constitui uma proeza excepcional. Não está ao alcance de qualquer um. Mas o professor Yoshimori alimentou-se em todas as fontes do humanismo; conhece de maneira admirável a língua e a cultura francesas, e, ao mesmo tempo, o que é alemão ou britânico na contribuição ocidental. Simultaneamente, é capaz de manter um distanciamento em relação ao característico estilo japonês de administração, um distanciamento que só poderia ser conseguido por um espírito já afastado do Japão em função das tribulações de sua carreira, mas sempre essencialmente japonês pela fineza, pela modéstia natural e pelos movimentos do coração.

A obra do professor Yoshimori confronta nosso estilo de gestão e o das empresas japonesas com tamanha clareza, lógica e rigor que quase somos levados a nos perguntar se o autor não é algum longínquo sobrinho de Descartes, se, sem querer, ele não se tornou um pouco francês. Na verdade, meu caro leitor, essa impressão é apenas uma aparência.

Analisando com mais atenção, você descobrirá que não se trata de uma comparação em termos confrontativos, mas sim de uma verdadeira síntese. Trata-se antes de uma justaposição que associa o indizível, pesando-o e completando-o numa *sábia harmonia*. É uma transposição, de uma delicadeza infinita, do "Kinkaku-Ji" — do pavilhão de ouro — de Kyoto, essa harmonia perfeita entre a arquitetura e o jardim, o esboço e a emoção, o que é significado de maneira palpável, e, o mais importante, que não poderia ser dito.

E isso só um japonês poderia fazer.

René Maury,
professor na Universidade de Montpellier 1.

Introdução — O meio dos negócios

I. O espaço vital e o espírito do capitalismo

"A civilização japonesa é a civilização do cliente (*customer civilization*)", disse R. Richie, especialista americano em Japão. "No Japão, o cliente não é um rei, é um deus. Um vendedor, ao contrário, não passa de um pária", assinala um industrial alemão que dirigiu durante anos a filial japonesa de uma sociedade alemã. Essas observações são corretas e pertinentes. A sociedade japonesa é provavelmente uma das mais competitivas entre os países industrializados, inclusive os Estados Unidos. Não seria exagero dizer que em poucos países o espírito do capitalismo teve um desenvolvimento e uma aceitação tão grandes quanto no Japão. Ele se caracteriza por um respeito absoluto das necessidades dos consumidores e utilizadores, pelo gosto do risco, pela ausência quase total de complexo em relação ao lucro e pelo empenho ilimitado por parte do mercado em promover um contínuo crescimento dos negócios.

A concorrência é encarniçada não apenas entre as empresas como também entre os indivíduos que se preocupam em melhorar suas oportunidades de sucesso procurando as melhores escolas ou universidades, ou buscando sempre um posto mais elevado na empresa. Esse estado de espírito torna os japoneses e as empresas japonesas extremamente dinâmicos e inovadores, e faz com que tenham grande agilidade para se adaptar às mais diversas oportunidades.

Constatar que o Japão é um país superpovoado não deixa de ser um lugar-comum. No entanto, por essa questão merece uma análise específica, pois todas as atividades econômicas do país sofrem a pressão da falta de espaço vital. Numa superfície total de 380.000 km^2 (ou seja, dois terços da França), vivem, atualmente, 118 milhões de habitantes; isso representa uma densidade populacional da ordem de 311 habitantes por km^2 (ou seja, três vezes mais do que na França). Tal comparação, no entanto, não é de fato significativa, uma vez que apenas 20% do território japonês é explorável no plano econômico, sendo o resto do país coberto de montanhas. Segundo os cálculos do prof. Koike, da Universidade de Nagoya, no Japão, a densidade populacional nas regiões habitáveis é 6,6 vezes maior do que a da França. Se a relação população/superfície aproveitável entre os japoneses fosse aplicada à França, a população francesa seria de 360 milhões em vez dos 54 milhões de habitantes recenseados há pouco tempo.

Isso significa, de fato, que se vive muito menos bem no Japão do que na França. Em termos mais concretos, a falta de espaço vital manifesta-se nesse país muito particularmente pelo custo proibitivo da habitação e de todos os bens imobiliários. Esta é uma das principais razões que explicam o empenho dos japoneses no trabalho, antes de mais nada, para ter acesso à propriedade, e, em seguida, para pagar o crédito da habitação, muitas vezes até a idade da aposentadoria.

II. A mentalidade japonesa

1. *Concepção do indivíduo* — A característica mais notável do povo japonês é a ausência relativa de consciência de seu próprio ego. Não seria exagerado dizer que a maioria das diferenças de pensamentos e de comportamentos entre os japoneses e os franceses situam-se em pontos diametralmente opostos quanto a esse aspecto, considerando-se o individualismo que parece tão marcado entre os franceses.

2. *A origem do individualismo* — Diz-se, em geral, que os gregos antigos foram o primeiro povo que soube se desligar do meio físico e social para se apreender como identidade única e independente. Pela primeira vez na história da humanidade, o homem se liberta de seu meio e passa a considerá-lo com objetividade e desinteresse. É a primeira revelação da consciência do "eu", do respeito do indivíduo e do sentido agudo da liberdade individual. Também é o primeiro caso da dicotomia e do dualismo tão característicos da civilização ocidental. Os japoneses, como outros povos asiáticos, nunca cortaram o cordão umbilical que os liga à

natureza e à sociedade. Mesmo em pleno século XX, identificam-se com elas para delas fazer parte integralmente sem se considerar uma entidade distinta e autônoma. Para um japonês, ser membro da comunidade social é um elemento dos mais tranqüilizadores. O homem ocidental, ao contrário, quer preservar sua própria identidade e, antes, sente como uma pressão a influência exercida pelo grupo a que pertence.

3. *Modo de percepção* — O "milagre grego" marca também a primeira etapa do racionalismo ocidental, que poderia ser definido como uma observação objetiva dos fenômenos físicos e sociais efetuada com o objetivo de obter leis aplicáveis de modo universal. A faculdade do raciocínio lógico e abstrato contribui amplamente para isso. Tal postura permitiu ao Ocidente realizar um desenvolvimento inigualável das ciências e tecnologias. Ao contrário, os japoneses sempre buscaram se identificar com o meio ambiente e se unir a ele, como o mostram os esquemas a seguir. São como os peixes mergulhados na água, e, como tais, não chegam a apreciar sua qualidade. Até uma época recente, a relação simbiótica dos japoneses com a natureza não favoreceu o desenvolvimento das ciências naturais e, por conseguinte, da civilização industrial. Segundo o prof. Nakamura, os japoneses interessam-se em particular pelos fenômenos específicos e concretos, mas sentem dificuldade em edificar um

Fig. 1 — Concepção do indivíduo

OS JAPONESES

Percepção integradora e afetiva

O indivíduo vê a si próprio como uma parte orgânica da comunidade ou da natureza. *Identificação entre observador e observado.*

OS OCIDENTAIS

Percepção autonomista e racionalista

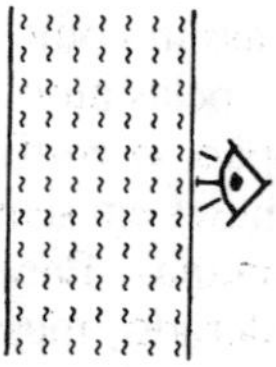

O indivíduo se distancia de seu meio social e natural. *Separação nítida entre observador e observado.*

Fonte: Esquema inspirado de Erich Jantsch, *Design for Evolution*, Nova York, George Braziller, 1975, p. 98.

sistema de conhecimentos abstratos[1]. Isso poderia explicar em parte o pronunciado sentido do realismo e do pragmatismo entre os japoneses em detrimento de princípios.

4. *Atitude diante do destino* — As civilizações da Antigüidade grega e do Ocidente são muito marcadas por uma concepção humanista que situa a humanidade no centro do universo e que se esforça em melhorar suas condições de existência. Os ocidentais caracterizam-se por seu gosto pela superação e o desejo de progresso. A título de exemplo, podemos citar os mitos de Ícaro ou de Prometeu. É uma civilização do desafio. Ao contrário, os japoneses foram condicionados pelo budismo, que ensina o abandono dos desejos e dos prazeres assim como a aceitação do *status quo* como meio de chegar à felicidade. Segundo a doutrina budista, desejos e prazeres constituem as fontes de todo sofrimento humano, como o simbolizam as 108 badaladas dos templos tradicionalmente tocadas na passagem do Ano Novo japonês. Seria possível opor o homem resignado japonês ao homem revoltado ocidental.

5. *Normas de comportamento* — Sabe-se muito bem que o individualismo ocidental foi reforçado pela contribuição do judaísmo. Segundo esta doutrina, na realização de suas tarefas os indivíduos se sentem diretamente responsáveis perante Deus. Penetrado pela crença hebraica, o indivíduo se comporta como entidade plenamente consciente de si e responsável por seus atos. No Japão, ao contrário, a submissão do indivíduo às normas do grupo acentua-se com a introdução, por volta do século VIII, do confucionismo oriundo da China. Os preceitos essenciais desta filosofia repousam, entre outros, na piedade filial, no respeito pela hierarquia, na lealdade absoluta em relação aos superiores, na manutenção da harmonia das relações humanas, numa polidez formalizada assim como na rejeição de toda revolução política. Adotado pelas autoridades públicas desde seu aparecimento no Japão, o confucionismo influenciou profundamente os japoneses em seus comportamentos sociais e em suas relações humanas. Para eles, o individualismo é com freqüência considerado, mesmo no momento presente, co-

1. Hajime Nakamura, *The Ways of Thinking of Eastern Peoples*, East West Center Press, Honolulu, 1964, pp. 350-406.

mo sinônimo de egoísmo, e visto como uma noção suspeita, incompatível com a ordem social e o pensamento tradicional. Segundo o prof. Nakamura, o que prevalece no Japão é a inteira conformidade às normas do grupo[2].

6. *Indivíduo e grupo* — Trata-se agora de examinar as relações entre indivíduos e grupo no Japão e no Ocidente. Segundo Ferdinand Tönnies, sociólogo alemão, as organizações dividem-se em duas categorias: comunidade (*Gemeinschaft*) e sociedade (*Gesellschaft*).

A "comunidade" é uma organização fundada na "vontade" orgânica, isto é, nos dados afetivos e nos sentimentos compartilhados pelos membros de um mesmo grupo, seja unido por laços de sangue (família), seja constituído por relações de vizinhança (aldeia). Esse sentimento de vinculação ao mesmo grupo reforça o espírito de solidariedade, o consenso e a harmonia nas relações sociais. Numa dada comunidade, o interesse geral prevalece sobre o interesse particular. O indivíduo só age e pensa como elemento de uma mesma totalidade orgânica. A "sociedade", por sua vez, é constituída por pessoas movidas por uma "vontade refletida", isto é, por interesses pessoais que implicam avaliação, reflexão, compromisso e decisão. No seio de uma determinada "sociedade", os indivíduos são isolados uns em relação aos outros. As relações entre os membros e o grupo, de uma parte, e entre os próprios indivíduos, de outra parte, são acompanhadas por uma certa tensão psicológica que surge devido à falta de consenso e de sentimentos espontâneos que solidificam os laços. Em tal contexto, apenas contratos e convenções podem se estabelecer e regulamentar as relações humanas. Uma empresa é uma forma característica de organização de tipo "societário"[3].

Outra tese importante desenvolvida por Tönnies sustenta que o período "societário" sucede ao período "comunitário", revelando-se a sociedade como uma etapa mais recente e mais evoluída em relação à comunidade[4]. A história da

2. H. Nakamura, *op. cit.*, pp. 407-530.

3. Ferdinand Tönnies, *Community and Association, passim*, trad. inglesa, Londres, George Allen & Unwin. Ver também GUY ROCHER, *Introduction à la société*, t. 2; "L'organisation sociale", pp. 48-58 para uma introdução às teorias de Tönnies.

4. *Ibid.*, pp. 263-270.

Quadro 1 — **Comparação das mentalidades japonesas e ocidentais**

	Critérios de comparação	*Os japoneses*	*Os ocidentais*
Universo e percepção	Concepção do Universo	Monismo	Dualismo (dicotomia)
	Meio de percepção	Intuição, sentimentos	Razão, análise (lógica)
	Orientação dos pensamentos	Particularismo	Universalidade
Natureza e destino	Atitude em relação à natureza	Identificação	Dominação
	Atitude diante do destino	Resignação, aceitação, resistência	Progresso, desafio, superação
Comportamento	Origem das normas	Grupo	Indivíduo
	Determinante do comportamento	Situação, meio ambiente	Princípio, doutrina
	Critério de avaliação	Atitudes, personalidade	Capacidade intelectual ou funcional
Relações sociais	Relações humanas	Compromisso, harmonia, identificação	Confrontação, concorrência, crítica
	Relação organização/indivíduo	Simbiose, identificação	Sujeição, hostilidade
	Características organizacionais	Concentração, estabilidade	Abertura, instabilidade
	Comunicação	Implícita	Explícita

Europa mostra que o espírito comunitário que prevalece na Idade Média diminui sob a influência do desenvolvimento, da urbanização e do modo de produção capitalista. A emergência do individualismo moderno no Ocidente é ao mesmo tempo a causa e o resultado da desagregação da sociedade feudal e o progresso da sociedade capitalista[5].

Pode-se afirmar que a sociedade japonesa contemporânea conserva a estrutura fundamental das relações humanas e das organizações sociais que encontramos no que foi defi-

5. Erich Fromm, *Escape from Freedom*, Nova York, Holt, Reinhart & Winston, 1941, capítulos III e IV.

Fig. 2 — Indivíduo e grupo

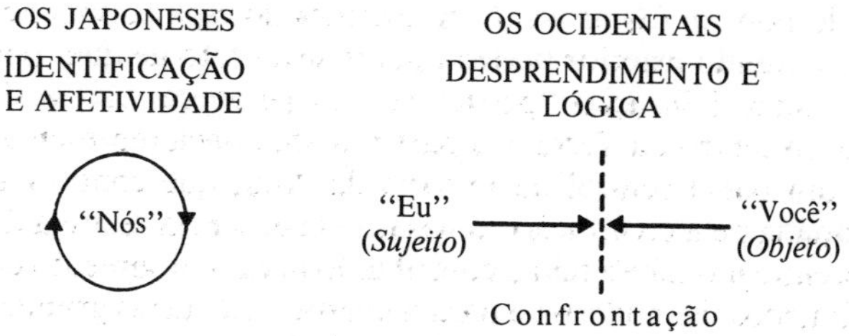

Fonte: Esquema inspirado de Erich Jantsch, *Design for Evolution*, Nova York, George Braziller, 1975, p. 83.

nido como "comunidade". Enquanto na Europa o desenvolvimento progressivo do capitalismo moderno causou simultaneamente uma mudança das psicologias humanas, que se inscrevem no processo de adaptação à "sociedade", no Japão, a passagem da época feudal à era industrial se deu de uma forma tão brutal que se pode constatar uma verdadeira justaposição da civilização industrial à ocidental e das estruturas tradicionais nas relações indivíduo/grupo e nas relações humanas.

7. *Dinamismo e abertura para o mundo exterior* — Há quatro séculos, ao chegar ao Japão, um missionário jesuíta, Francisco Xavier, ficou espantado com a curiosidade e a vivacidade de espírito que a população local manifestava. Em relação à época em que ele dissertava na Sorbonne a respeito de *curiositas intellectualis*, parece que os japoneses não mudaram. Sem dúvida, isso permitiu que as empresas japonesas se informassem sobre o que acontecia no mundo inteiro e que concebessem seu mercado numa ótica mundial sem maiores distinções entre o mercado interno e o mercado externo. No plano propriamente psicofisiológico, o povo japonês parece tomado por um *Schaffensdrang* — paixão por fazer alguma coisa o tempo todo —, característica que foi peculiar aos alemães até uma época recente. De fato, a concepção ocidental de "alegria de viver" não tem vez na sociedade tradicional japonesa onde o trabalho se torna amiúde uma finalidade em si. Esse valor social corresponderia ao valor de realização (*Leistungwert*) que encontramos entre os ale-

mães, ao qual um crítico literário germânico opôs, há meio século, um outro valor entre os franceses: "o valor intrínseco" do homem (*Seinswert*)[6]. A abertura do espírito japonês para o mundo exterior poderia dever-se ao fato de que, por terem uma civilização "periférica", os japoneses não se situam no centro da Terra e, a partir disso, nunca representaram um papel central na história da Ásia, que continuou dominada pela civilização chinesa. Essa ausência relativa de etnocentrismo talvez tenha contribuído para o surgimento de sentimentos de modéstia e para a abertura às outras grandes civilizações. Tal atitude se opõe radicalmente à dos chineses, que por muito tempo recusaram as tecnologias ocidentais, por exemplo, a estrada de ferro.

8. *Aptidão à mudança* — A história do Japão contemporâneo mostra que esse país pôde chegar à prosperidade econômica graças a uma capacidade manifesta de mudança e de adaptação. Não seria exagero dizer que, no curso dos séculos, verificou-se no país uma verdadeira tradição da mudança. E talvez esta tenha sido uma das razões que o levaram a se distinguir das outras nações. Em matéria de temporalidade, os japoneses se orientam essencialmente para o presente e para o futuro imediato. Nem o passado, nem o futuro longínquo parecem preocupá-los; apenas se interessam pelos problemas atuais. Ao não serem prisioneiros do passado, mostram-se versáteis e realistas, prontos para recomeçar tudo do zero, se for necessário. O que importa essencialmente no Japão não são conceitos teóricos tais como dogma, ideologia ou princípio, mas a adaptação a uma situação nova ou a um meio em mutação. O reduzido apego que manifestam em relação ao passado e à continuidade dá lugar a um gosto pronunciado pelas novidades. Isso certamente contribuiu para a difusão muito mais rápida do que na Europa de novos produtos e, por conseguinte, permitiu a rentabilização acelerada dos investimentos efetuados em pesquisa e desenvolvimento.

Tal capacidade de adaptação foi facilitada pela coesão do povo e pela densidade da *mídia*. A especificidade acima descrita permanece um trunfo considerável para enfrentar um mundo cada vez mais instável e ameaçador.

---

6. Ernst Robert Curtius, *Die Französische Kultur* (A civilização francesa), Berna e Munique, Franck, 1930, p. 2.

III. Dados sócio-econômicos

1. *Condições do desenvolvimento do capitalismo japonês* — Apesar de, no Ocidente, a supremacia do indivíduo se esfumar durante a Idade Média em proveito do poder eclesiástico e político, uma série de inovações tecnológicas acabam modificando profundamente a economia medieval. Invenções tais como as pesadas charruas, as ferraduras, os arreios e, sobretudo, o afolhamento trienal, vão contribuir para o crescimento rápido da produção agrícola. Essa revolução na agricultura provoca um aumento da população e da urbanização. Pela primeira vez, a humanidade produz mais do que consome e os produtos agrícolas excedentes começam a afluir para o mercado. É o esboço do capitalismo ocidental. A divisão do trabalho a nível social prossegue com o desenvolvimento da indústria artesanal e do comércio. A Renascença dá um novo impulso ao desenvolvimento do individualismo, do racionalismo e do humanismo. A Reforma e as concepções éticas que lhe são próprias levam a desenvolver os fundamentos do capitalismo. A emergência sucessiva da Revolução Industrial marca a síntese e o ponto culminante da evolução de todos esses elementos próprios à civilização ocidental.

Em compensação, até uma época recente, os japoneses nunca conheceram nem o desenvolvimento maciço das inovações tecnológicas, nem um ambiente ideológico e político que acelerasse o desenvolvimento do modo de produção capitalista e da Revolução Industrial. Durante o período do desenvolvimento do capitalismo europeu, do século XVI a meados do último século, o Japão concentrou-se em sua insularidade e rejeitou quase todo contato com o resto do mundo, com medo de uma dominação religiosa e política das potências ocidentais em detrimento da unidade nacional japonesa. No entanto, a industrialização japonesa não foi produzida *ex nihilo*. Antes mesmo da abertura do Japão para o Ocidente, em 1854, já estavam reunidas as condições prévias para estimular a decolagem industrial assim que o impulso fosse dado.

Em primeiro lugar, deve-se assinalar a importância da propagação do ensino elementar privado que se desenvolveu desde meados do século XVIII. Em 1860, na véspera da modernização, entre 40 a 50% dos meninos e 15% das meninas encontram-se inscritos[7]. Segundo o prof. Ronald Dore, essa elevada taxa de escolarização proporciona à população capacidade intelectual e, sobretudo, espírito de disciplina, condições indispensáveis para a industrialização futura. As despesas com a escolaridade corriam por conta dos pais. Isso leva a imaginar uma forte motivação para a instrução, já percebida por volta do final da era feudal como o meio que permitia o acesso à promoção social. A popularidade do ensino provém em parte do desenvolvimento do capitalismo comercial desde o século XVII, movimento que se acelerará através da instalação dos samurais nas grandes cidades, implantando ali atividades artesanais e comerciais. As redes de estradas e as retas marítimas tornam-se cada vez mais extensas e densas, facilitando desse modo a mobilidade geográfica da população e o intercâmbio das mercadorias.

O desenvolvimento do comércio provoca inovações nas técnicas e mecanismos dos negócios. Assim, o sistema de letras de câmbio é amplamente utilizado entre os mercadores de Yedo e de Osaka. Um certo número de casas comerciais importantes, notadamente Konoike, Mitsui, Nakai, Ono, Hasegawa e outras praticam, desde 1670, a contabilidade em partidas dobradas. Apesar das imperfeições na concepção, essa técnica contábil chega quase ao nível da contabilidade européia dessa época[8]. Assiste-se igualmente à gestão por descentralização implantadas em 1705 no negócio do mercador Mitsui, grande fábrica de roupas. Compõe-se de três "departamentos" independentes, cada qual responsável por suas próprias contas e por sua rentabilidade[9]. Pode-se também destacar nessas primeiras grandes empresas, elementos precursores dos métodos de gestão contemporâneos, tais como o emprego por toda a vida, a remuneração para os anciãos, etc.

Tudo isso significa que o Japão já estava preparado para o capitalismo industrial antes do primeiro contato com

---

7. Ronald Dore, *The Legacy of Tokugawa Education*, Londres, RKP, 1965, p. 321.

8. Y. Sakudo *et al.*, *Nihon Keiei Shi*, Tóquio, Minerva, 1980, pp. 39-41.

9. *Idem*, pp. 39-41.

o Ocidente em meados do século XIX. No plano da importância dada ao trabalho, os japoneses já tinham efetuado uma revolução "industriosa" antes de passarem para a revolução "industrial". A reação nacionalista desencadeada pela ameaça do Ocidente foi suficiente para colocar em ação uma série de esforços coletivos visando a industrialização do país.

2. *O igualitarismo e a homogeneidade social* — A concorrência revela-se tanto mais encarniçada quanto maior for o número de participantes. Ora, a maioria dos japoneses parece acreditar, com ou sem razão, que têm mais ou menos a mesma chance de êxito que seus semelhantes na corrida para a ascensão social. Disso decorre, a nível dos indivíduos, um espírito muito forte de emulação. O melhor exemplo disso é a importância — impossível de comparar com a dos franceses — que os japoneses dão ao ensino de seus filhos. Isso porque o sucesso social passa de modo inelutável pela obtenção de um diploma de uma das universidades mais prestigiosas do Japão. A preparação para o concurso de ingresso já começa na escola primária, ou mesmo na escola maternal.

Essa igualdade de chances, tal como percebida pelos japoneses, deve-se ao fato de que eles não parecem perceber a existência de classes sociais numa sociedade muito homogênea. Todos os anos, os resultados das pesquisas feitas pelos poderes públicos revelam que mais de 90% dos sujeitos entrevistados se identificam com a classe média. Poder-se-ia mesmo dizer que no Japão a sociedade não comporta classes sociais. Em todo caso, a noção de "classe" — do ponto de vista marxista — nunca se enraizou na consciência dos japoneses. A dicotomia marxista parece pouco compatível com seu pensamento tradicional, que coloca o acento na coesão da comunidade da qual tratamos anteriormente. Apesar das diferenças em termos de renda e patrimônio, os indivíduos, em geral, partilham os mesmos valores e as mesmas normas de comportamento.

A) Dissolução dos Zaibatsu — A origem direta dessa homogeneidade da sociedade japonesa pode ser atribuída a duas reformas maiores realizadas pelas autoridades americanas de ocupação nos primeiros anos do pós-guerra. A primeira reforma de 1946 visa o desmantelamento dos dez *trusts* familiares, ditos *Zaibatsu*, que, antes da guerra, representavam, sozinhos, 53% do conjunto nacional dos capitais sociais do setor bancário, 49% do setor da indústria pesada, ou seja, 35% do conjunto de todos os setores considerados. Os 56 detentores de ações desses grupos tiveram de entregar suas ações para a Comissão de Desmantelamento e abandonar todos os postos que ocupavam nas numerosas sociedades. No mesmo momento, cerca de 1.400 quadros superiores desses *Zaibatsu* foram privados de suas funções. Tal depuração econômica estendeu-se a 2.200 outros dirigentes de 250 empresas que produziam munições durante a guerra. Ao todo, 3.600 homens de negócios do mais alto nível foram expulsos. Apesar de esta medida ter sido alvo de revogação quatro anos mais tarde, muito poucos puderam ser reintegrados a seus postos precedentes, já ocupados por novos administradores. Esse enorme vazio no poder patronal é preenchido por quadros médios, que não possuem nenhum capital, mas que são jovens e competentes. A reconstrução do aparelho produtivo do pós-guerra não teria sido concebível sem essa nova classe dirigente tão fortemente motivada.

B) Redistribuição das terras cultiváveis — A segunda etapa da evolução econômica é a reforma agrária de 1946, que se anuncia como uma réplica do desmantelamento das dinastias industriais e financeiras. Trata-se de uma redistribuição territorial que consiste, num primeiro momento, no resgate pelo Estado das terras dos não-residentes, e do resgate das superfícies que excedessem 4 hectares das terras pertencentes aos proprietários residentes mas não-exploradores. As indenizações são módicas e além disso pagas em moeda rapidamente desvalorizada. Num segundo momento, as terras assim recuperadas são vendidas por um preço modesto com grandes facilidades de pagamento. Os grandes proprietários de terras também perdem quase a totalidade de seu patrimônio.

3.Tradição de crescimento — As empresas japonesas distinguem-se por sua propensão ao crescimento, com freqüência em detrimento da estabilidade e mesmo da rentabilidade a curto prazo. Essa política mostrou-se justificada por um rápido crescimento contínuo da economia nacional há mais de meio século. Desde 1860, o Japão obteve taxas

QUADRO 2 — **Taxa de crescimento econômico (PNB) real Japão-Europa**

País	*1860-1913*	*1913-1938*	*1950-1960*	*1960-1973*[2]
Japão	4,1	4,5	9,5	10,9
França	1,1	1,1	4,3	5,9
Alemanha	3,0	1,3	7,6[1]	4,9[1]
Grã-Bretanha	2,4	1,0	2,7	3,3
Média dos três países europeus	2,2	1,1	4,9	4,7

(1) Com Alemanha, depois de 1950, nos referimos à República Federal.
(2) Dados referentes a 1860-1968 na obra citada.

Fonte: G. C. Allen, *A Short Economic History of Modern Japan*, Londres, George Allen & Unwin, 1972, p. 245.

de crescimento econômico duas a quatro vezes mais elevadas em relação aos países europeus. Essa tendência ainda subsiste. O que levou os japoneses a uma corrida tão rápida? Em primeiro lugar, o Japão era um retardatário, e é muito fácil avançar mais depressa quando se deve alcançar os outros. No entanto, a causa mais importante é a crise nacional provocada pela abertura forçada para o Ocidente. Os japoneses sentem que seu isolamento de três séculos é bruscamente abalado, quando, em 1853, quatro navios militares americanos chegam à baía de Tóquio e exigem a abertura do porto e do país. Nesse momento, os japoneses constatam com amargura o amplo avanço tecnológico e a esmagadora supremacia militar dos ocidentais. O povo japonês se vê de súbito cada vez mais ameaçado pelas potências colonizadoras das quais a China já era vítima. A integridade territorial está em jogo. Desde então, o Ocidente é visto como um objetivo a ser alcançado e superado. Um crescimento acelerado parece a única resposta possível ao desafio lançado pelos ocidentais. Logo após a Segunda Guerra Mundial, em meio a enormes dificuldades, o Japão se recupera da derrota: sua produção em 1946 desce para 36%, e o PNB para 50% do nível médio 1934-1936. É preciso recomeçar tudo. Hoje, em alguns setores, sua indústria atingiu e até ultrapassou o nível ocidental. Em compensação, no plano da qualidade de vida ainda existe uma defasagem acentuada em relação ao Ocidente. Para reduzir esse atraso, os japoneses continuarão a realizar um crescimento relativamente elevado tanto no plano nacional quanto a nível das empresas.

4. Legitimidade do lucro e das empresas — Contrariamente à Europa e como nos Estados Unidos, as empresas gozam de um prestígio considerável na sociedade japonesa. Com certeza, os dirigentes de negócios não querem falar em voz alta de dados relativos a lucro ou rentabilidade, pois não é bom, tanto no Japão quanto na Europa, evocar direta e abertamente as questões pecuniárias. Nesse meio tempo, o Japão conheceu um pouco o espírito anticapitalista europeu, oriundo, de um lado, dos valores aristocráticos e, de outro, das ideologias marxistas. A noção de lucro não tem nesse país uma conotação tão negativa quanto na França, onde a influência das idéias com origem na religião católica é forte.

Para realizar da melhor maneira possível o desenvolvimento industrial, é indispensável que os mais competentes sejam atraídos para o mundo dos negócios. Isso só é possível na medida em que a recompensa material e psicológica seja suficientemente elevada e motivadora para os dirigentes de empresas e seus colaboradores. Com o objetivo de vencer o desafio do Ocidente, na segunda metade do século XIX, o governo precisou tomar iniciativas para lançar e desenvolver de modo acelerado a industrialização. Esse interesse nacional deu origem à legitimação pela sociedade da empresa e do grande prestígio dos industriais e das indústrias no Japão. Com efeito, os homens de negócio no início da industrialização estavam imbuídos de sua missão patriótica[10]. Essa tradição manteve-se depois da Segunda Guerra Mundial, pois, no quadro de uma reconstrução econômica de um país, o setor industrial ocupa o lugar principal. Nesses últimos anos, no entanto, as grandes empresas viram seu renome sofrer consideráveis abalos devido à sua

---

10. É a tese do prof. Hidemasa Morikawa da Universidade de Tóquio, desenvolvido em sua obra, "A origem da gestão da empresa japonesa" (em japonês), Tóquio, Toyokeizai, 1973.

implicação em problemas de poluição, em especulações fraudulentas e em escândalos políticos. Ainda assim, aos olhos dos japoneses, o mundo dos negócios continua tão atrativo e prestigioso, senão mais, quanto a administração do Estado.

CAPÍTULO I

A gestão dos recursos humanos

I. Os dirigentes

1. *A estrutura de controle* — As grandes empresas japonesas são controladas essencialmente pelos dirigentes, antigos assalariados da própria companhia, enquanto suas homólogas francesas são com freqüência colocadas sob o controle familiar. De acordo com dois estudos feitos de maneira independente na mesma época, uma comparação aproximada revela que a proporção das empresas familiares é cinco vezes mais elevada na França do que no Japão. Essa relativa ausência de detentores familiares dos capitais nas grandes sociedades japonesas deve-se sobretudo ao desmantelamento dos grandes grupos familiares ocorrido após a Segunda Guerra Mundial, segundo já vimos antes. Na França, ao contrário, não houve modificação desse tipo, o que explica a continuidade constatada entre o período pré e pós-guerra.

As conseqüências dessa particularidade japonesa são importantes. Em primeiro lugar, a autoridade do dirigente japonês repousa essencialmente numa real competência profissional, afirmada pela experiência e não pela detenção do capital. Em 1973, apenas 0,65% do conjunto das ações das 849 principais empresas pertenciam a seu presidente[1]. Em segundo lugar, os dirigentes japoneses costumam ter uma postura mais voltada para a expansão e a audácia do que para a estabilidade e a prudência, características comuns nos patrões das empresas familiares. Essa prioridade dada à expansão mostrou-se plenamente justificada e favorecida pela época de alto crescimento econômico uniforme que terminou em 1973. Em terceiro lugar, a relativa falta de controle

1. "O meio dos negócios no Japão" (em japonês), *Nikkei Business*, 1974.

QUADRO 3 — **Estrutura de controle das grandes empresas**

	Japão	*França*	
Amostra	300 principais empresas industriais	200 principais empresas industriais	500 principais empresas industriais
Critério de posição	Situação líquida	Situação líquida	Situação líquida
Data do estudo	1971	1970	1976
Forma de controle			
Familiar	10,7%	50,0%	44,3%
Dirigentes profissionais	79,7%	17,5%	15,9%
Estado	1,6%	4,0%	12,4%
Estrangeiro	8,0%	28,0%	23,4%
Outros (cooperativa, etc.)	0%	0,5%	4,0%
	100,0%	100,0%	100,0%

Fontes: Japão: Yoshikazu Miyazaki, "Os grupos industriais no pós-guerra" (em japonês), Nihon Keizai, 1975, p. 287; França (200 sociedades): François Morin, *La structure financière du capitalisme français*, Calmann-Lévy, 1974, p. 65; França (500 sociedades): A. Alcouffe, *La banque et les groupes industriels à l'heure des nationalisations*, Calmann-Lévy, 1977.

N.B. — Em termos globais os dados são comparáveis, apesar das diferentes definições do controle entre os estudos.

familiar nas grandes empresas japonesas atua como impulso motivador para o pessoal, pois os dirigentes oriundos da categoria aparecem como modelos a seguir. Considerando-se que começaram suas carreiras na qualidade de simples assalariados e escalaram progressivamente os diversos degraus da escala hierárquica, a distância que separa no plano social aqueles que dirigem daqueles que são dirigidos é sem dúvida nenhuma de uma menor importância nas empresas japonesas e facilita desse modo a comunicação e a coesão verticais.

2. *A assembléia geral dos acionistas* — A assembléia geral é uma instância que permite aos acionistas da sociedade aprovar o montante dos dividendos e as contas da sociedade, nomear ou demitir os administradores, e dar seu acordo a respeito de uma mudança importante da organização da sociedade, tal como fusão, cessão de um direito de exploração, dissolução, etc. No entanto, os debates da assembléia

Quadro 4 — **Grandes empresas japonesas e francesas sob controle familiar**

	Japão		*França*	
Estudo efetuado em	1970		1971	
Amostra	300 principais empresas		200 principais empresas	
	Parte do capital social controlado por família			
	Número	%	Número	%
+91%	2	0,7	8	4,0
90-51%	2	0,7	22	11,0
50-31%	4	1,3	29	14,5
30-21%	4	1,3	15	7,5
20-11%	10	3,3	16	8,0
10- 3%	10	3,3	10	5,0
Total	32	10,6	100	50,0

Fontes: Japão: Yoshikazu Miyazaki, *op. cit.*, 1975, p. 287; França: François Morin, *op. cit.*, 1974, p. 65.

geral com freqüência nada mais são que uma simples formalidade. A redução do poder da assembléia geral, aliás um fenômeno comum em outros países industrializados, deve-se no Japão a dois fatores: em primeiro lugar, os acionistas não têm outros interesses senão o de receber dividendos ou realizar mais-valias. De fato, participar da assembléia geral tem para eles muito pouco interesse. Além disso, a assembléia geral já não é o órgão supremo da tomada de decisão desde a reforma do Código comerical em 1950, que reforçou consideravelmente o poder do conselho de administração. A nova legislação em vigor desde 1982 restabelecerá, afinal, pelo menos em parte, a autoridade e as funções da assembléia geral.

3. *O conselho de administração* — Teoricamente o conselho de administração recebe dos acionistas os poderes necessários para decidir a política geral da sociedade e para controlar os resultados realizados pela direção da empresa. Na verdade, o conselho de administração nas empresas japonesas não exerce inteiramente essas funções. Tal situação

QUADRO 5 — **A estrutura do conselho de administração no Japão e na França**

	(1) Japão	França	
Estrutura	Única	(6) Única	(7) Dupla
Tamanho do conselho de administração ou outros órgãos em nome dos administradores	Amplitude: 11-43 9-42 Modo: 21 22	Amplitude: 3-24 Modo: 11-12	Conselho fiscal: 1 21% das sociedades 2 40% — 3 27% — +4 12% — Diretório: -3 40% das sociedades 4-6 33% — +7 27% —
Proporção de administradores internos	92%	(8) 20-30%; 32,5% das sociedades 10-20%; 29,0% — 30-40%; 22,0% —	
Idade média do diretor-presidente*	(2) 64,9 anos (3) 63,6 anos	(9) 55 anos (10) 57 anos (11) 55,5 anos	
Idade média dos administradores	(4) 53,8 anos (5) 55,0 anos	(12) 61 anos	

Fontes: (1) Hiroaki Okumura, *Nihon no Top Management*, Diamond, 1982, pp. 30-31, 256.

(2), (4) Estudo por Keizai Doyukai.

(3), (5) Estudo por Mitsubishi Research Institute.

(6), (8) François Morin, *La structure financière du capitalisme français*, Calmann-Lévy, 1974, pp. 31-33 (administradores internos são o presidente do conselho, o vice-presidente e os membros do comitê executivo).

(7) J. Boucourechliev, *La pratique de la société à directoire*, Librairie Technique, 1980 (estudo sobre 136 sociedades com dupla estrutura).

(9) "As 1.000 principais empresas francesas", *L'Expansion*, dez. 1983, p. 137 (sobre as 1.000 maiores sociedades industriais).

(10), (11) Calculadas pelo autor a partir de (9).

(12) Yves Jannin, "Perfil dos administradores de controle das grandes sociedades francesas", *Humanisme et Entreprise*, n.º 2, 1975, p. 52 (sobre 172 administradores das 152 maiores sociedades).

*Em francês: président-directeur général (PDE). (N.T.)

explica-se pelas seguintes razões: em primeiro lugar, os membros do conselho, os da direção e alguns quadros superiores responsáveis por importantes divisões e funções são praticamente as mesmas pessoas, o que quer dizer que existe uma confusão de competências reais entre as funções de direção e as de controle. Tanto isso é verdade que, conforme revela a pesquisa de Doyukai realizada junto às 134 principais empresas japonesas, apenas 9% dos membros do conselho de administração são elementos vindos de fora. Em segundo lugar, é difícil levar a bom termo discussões reais no seio do conselho quando o número de participantes atinge 20 ou mesmo 30 pessoas, como ocorre nas grandes empresas.

Além disso, os administradores são em sua quase totalidade os diretores da empresa, preocupados acima de tudo com suas próprias atividades, não se interessando pelos assuntos que não lhes dizem respeito diretamente. Assim, o conselho de administração, que se reúne em geral uma vez por mês, contenta-se em aprovar de uma forma quase automática as decisões tomadas pelo *Jomukaï* (comitê de direção), e se limita a uma troca de informações relativas à situação geral da empresa. O verdadeiro centro de decisão existe então ao nível do *Jomukaï*.

4. *O "Jomukaï"* — Esse órgão foi criado a partir de 1955 em numerosas grandes empresas para preencher as carências de conselho de administração em matéria de deliberação e de decisão. O *Jomukaï* é um modelo reduzido do conselho de administração: constitui-se de um presidente e de alguns de seus colaboradores mais próximos e ao mesmo tempo mais importantes; estes lhe fornecem suas competências e sua opinião (em geral, vice-presidentes, *senmu* e *jomu*). Têm como papel ajudar o presidente em sua tarefa de executar a política geral que será decidida pelo conselho de administração. Entretanto, o *Jomukaï* funciona *de facto* como a instância de tomada de decisão, pois a política geral da empresa é elaborada e depois proposta pelo *Jomukaï* ao conselho de administração que a aprova automaticamente. O *Jomukaï* reúne-se em geral uma vez por semana e existe na maioria das grandes empresas japonesas às vezes com denominações diferentes.

5. *A direção geral* — A direção geral cabe ao presidente, que conta com a assistência de um ou vários vice-presidentes, diversos diretores-administradores — denominados, na ordem de importância, *Senmu* e *Jomu* — e também outros diretores-administradores. O Código comercial prevê que apenas os administradores "representativos" (*Daïhyo Torishimariyaku*) têm habilitação para empenhar a responsabilidade da sociedade em relação a terceiros. O presidente

tem essa habilitação automaticamente. Ele detém o poder mais amplo e goza do maior prestígio, que se justificam de uma parte por sua responsabilidade e por essa prerrogativa jurídica e, de outra parte, pelo direito de designar seu sucessor e de intervir na seleção dos membros da equipe de direção e dos quadros superiores. Depois da designação de seu sucessor, o presidente, em geral, retira-se e ocupa o posto de presidente do conselho de administração. Essa posição é considerada como um posto honorífico e a última etapa antes da aposentadoria.

Entretanto, acontece às vezes que o presidente do conselho continua a deter o poder de representação e o exerce simultaneamente com o novo presidente. Nesse caso, o poder deste último será mais limitado. Tal eventualidade concretiza-se quando o presidente do conselho é o fundador da empresa, seu proprietário ou então uma personalidade que proporcionou uma contribuição excepcional a ela. Em todo caso, os dois postos mais elevados são ocupados por pessoas distintas, e não por uma única pessoa, o que ocorre com certa freqüência na França. Contrariamente a este país, o Código comercial não estabelece uma idade-limite nem para o presidente, nem para o presidente do conselho. Segundo pesquisa realizada em 1978 pelo Mitsubishi Research Institute sobre as grandes sociedades cotadas na Bolsa de Tóquio, a idade média do presidente do conselho de administração é de 70,5 anos, a do presidente 63,6 anos, e de 55 anos para os diretores-administradores ordinários[2].

6. *Perfil dos dirigentes* — No geral, os dirigentes de empresa japoneses são oriundos das classes superiores, sendo diplomados pela Universidade japonesa mais prestigiosa, a Universidade de Tóquio, mais particularmente pela Faculdade de Direito desta Universidade. Nesses dois aspectos, seu perfil é inteiramente análogo ao de seus homólogos franceses.

Numa amostra de 1.026 dirigentes japoneses, 32% terminaram os estudos na Universidade de Tóquio. Essa taxa é próxima da dos *PDG* franceses, com 34% que saíram da

---

2. Citado em Akihiro Okumura, "A estrutura no ápice" (em japonês), Tóquio, Diamond Sha, 1982, p. 256.

QUADRO 6 — **Comparação do perfil dos dirigentes de empresa japoneses e franceses**

	Japão		*França*	
Ano da pesquisa	1970		1968	
Amostra	1.026 presidentes de conselho, presidentes, vice-presidentes, *Senmu* e *Jomu* das 500 principais empresas		96 *PDG* das 100 principais empresas industriais	
Educação universitária	Universidade de Tóquio	32,0%	Escola Politécnica só ou com uma escola de aplicação	34,0%
	Universidade de Kyoto	12,0%	Faculdade de Direito	10,0%
	Universidade de Hitotsubashi	5,0%	Escola central	6,0%
	Universidade de Waseda	4,0%	Outras grandes escolas científicas	6,0%
	Outras Universidades	47,0%	Direito + HEC	7,0%
			Ciências PO+HEC	6,0%
			Outras	31,0%
		100%		100%
Origem social	*Classe superior*		*Classe superior*	
	Altos funcionários	14,4%	Industriais	34,4%
	Industriais, quadros superiores	27,9%	Negociantes	5,2%
	Profissão liberal	10,6%	Banqueiros	7,3%
			Agentes de câmbio	2,1%
		52,9%		49,0%
	Classe média		*Classe média*	
	Patrões de PME*	21,8%	Engenheiros, quadros	3,1%
	Empregados de escritório	6,9%	Funcionários, profissão liberal	5,2%
			Oficiais, médicos, juristas	20,9%
		28,7%		29,2%
	Classe popular		*Classe popular*	
	Agricultores	16,9%	Agricultores, proprietários de terras	2,0%
	Operários	1,5%	Professores primários	1,0%
		18,4%		3,0%
			NR	18,8%
		100,0%		100,0%

Fontes: Japão: Hiroshi Mannari, *The Japanese Business Leaders*, University of Tokyo Press, Tóquio, 1974, pp. 213, 223; França: Dominique Monjardet, "Carreira dos dirigentes e controle da empresa", *Sociologie du Travail*, abril-junho de 1972, p. 134.

*Pequena e Média Empresa.

Escola Politécnica[3]. Do ponto de vista da origem social, 53% dos 1.026 dirigentes japoneses são oriundos da classe superior. A situação é análoga na França: 50% dos *PDG* são oriundos dessa categoria social. No Japão como na França, os filhos das classes abastadas chegam em número muito maior aos postos-chaves das empresas do que os das outras classes sociais. É preciso notar que os dirigentes japoneses pesquisados se formaram na sociedade de antes da guerra, ainda marcada pela distinção entre as classes sociais.

No entanto, isso não significa que, nas empresas japonesas, o "melhor" diploma dá automaticamente acesso a uma posição do mais alto nível. Na maioria das empresas, o diploma universitário, mesmo de alta categoria, não é o critério principal. Antes de tudo, são a personalidade e a capacidade de trabalho dos interessados que determinam o desenvolvimento das carreiras. O meio dos negócios no Japão é por demais objeto de árduas competições para que possa favorecer o culto dos diplomas.

7. *Os valores e os comportamentos dos dirigentes japoneses* — O desempenho de uma empresa depende, afinal de contas, da qualidade de seu líder. É necessário, então, tentar destacar um certo número de traços específicos dos dirigentes cujas empresas são consideradas, no Japão, como exemplares.

A) A prioridade concedida aos homens — Os presidentes japoneses parecem distinguir-se de seus homólogos ocidentais pela grande importância que dão aos recursos humanos. Os homens ocupam um lugar central na gestão da empresa no Japão. Não são considerados como um simples fator de produção entre outros. O pessoal é *o* recurso e só ele é capaz de empregar com eficácia os meios produtivos e financeiros. Essa orientação traduz-se na máxima prioridade dada à formação do pessoal. Investe-se em primeiro lugar nos homens. Como afirma o fundador da Sociedade Matsushita, "formamos primeiro o nosso pessoal e só de-

---

3. Outro estudo revela que 31,9% dos 176 administradores dos grandes negócios franceses também provêm da Escola Politécnica, e que 74,9% são oriundos da classe superior. Ver: Yves Jannin, *Profil des administrateurs de contrôle des grandes sociétés françaises* (Tese de doutorado de Estado), Universidade de Rennes, 1974, p. 17.

pois fabricamos os nossos produtos''. Essa abordagem da gestão japonesa orientada diretamente para os recursos humanos parece ser oposta à abordagem ocidental mais ''econômica'', que busca com prioridade a rentabilidade a curto prazo do capital investido[4]. A responsabilidade dos dirigentes de empresa japoneses em relação à segurança do emprego inscreve-se nesse espírito.

B) A ''filosofia de gestão'' — Empresas japonesas exibem com freqüência um certo número de fórmulas e de frases para exprimir os grandes princípios da gestão, denominados *Keiei Rinen* ou a ''filosofia de gestão''. Há duas categorias de idéias: uma diz respeito aos objetivos amplos e abstratos, muitas vezes normativos, tais como ''a contribuição para o desenvolvimento da civilização no plano mundial'' da Sociedade Matsushita. A segunda categoria de convicções determina muito mais concreta e diretamente as estratégias e sua aplicação cotidiana. ''Formação dos homens'', co-prosperidade com os revendedores, subcontratadas e consumidores'', etc. Essa grande orientação da gestão permite à empresa desenvolver e manter um ''espírito casa'' original, em torno do qual se unem e se fundem os homens, constituindo dessa forma uma entidade muito homogênea e coerente em seu dinamismo. Ela reflete fortemente as convicções profundas do dirigente da empresa, fundadas em sua própria experiência e na concepção que ele tem da vida.

C) Definição e declaração dos objetivos — As empresas japonesas, como suas irmãs ocidentais, desenvolvem normalmente um certo número de objetivos, programados no tempo, ''parametrados'' e quantificados. O que caracteriza nesse aspecto as empresas japonesas é que os objetivos são comunicados pelo presidente direta ou indiretamente ao conjunto do pessoal. Eles são expressos em volume de negócios, partes do mercado, ganhos, etc., e também sob forma de observações ou avaliações não cifradas tais como, por exemplo, um projeto de diversificação numa nova atividade, etc.

---

4. Assim Octave Gélinier opõe ''empresa comunidade'' do Japão a ''empresa montagem jurídico-financeira'' do Ocidente. Ver seu artigo ''Les relations sociales au Japon comparées à celles de l'Occident'', *in Analyse financière*, 4º trimestre, 1980.

D) A comunicação direta com a "base" — Os contatos pessoais e a comunicação direta com o pessoal na fábrica, nos canteiros de obras ou no escritório onde se exerce a atividade profissional, testemunham um comportamento específico dos dirigentes de empresa japoneses. Muitos dirigentes ocidentais ao visitarem uma fábrica no Japão se espantam com o fato de os operários cumprimentarem seu patrão.

E) A experiência do terreno — A importância preponderante dada ao diálogo com o pessoal da fábrica e dos escritórios está estreitamente ligada ao fato de que a quase totalidade dos dirigentes japoneses começa sua carreira nos cargos mais modestos, e são oriundos da "base". Mesmo vindos de uma universidade célebre, eles devem empreender sua vida profissional num setor de produção ou num serviço técnico ou comercial, executando as tarefas mais modestas ao lado de colegas que têm apenas uma formação secundária. Durante esse período de aprendizagem, que dura um longo tempo, até a idade de 30 anos mais ou menos, os quadros diplomados da universidade não ocupam posições de responsabilidade. Seus salários, no entanto, são superiores aos das pessoas de formação secundária. Eles sobem na escala hierárquica em função do desenvolvimento de sua capacidade de comando e de trabalho. A designação para diferentes postos de trabalho é freqüente, sobretudo no início de uma carreira, para permitir que os futuros quadros e dirigentes adquiram uma experiência profissional tão rica e variada quanto possível. Essa primeira experiência permitirá ao dirigente de empresa apreciar e determinar o que é possível e o que não é, saber a que setor é preciso se dirigir para obter a melhor informação possível, desenvolver a capacidade de se assegurar a colaboração necessária por ocasião da tomada de decisão e da colocação em prática. O leque de salários mais reduzido no Japão do que no Ocidente é um elemento que contribui igualmente para uma melhor comunicação entre a direção e seus colaboradores.

F) A promoção interna — Do que foi dito anteriormente percebe-se que a promoção interna é o sistema de promoção mais difundido nas empresas japonesas. Numa pesquisa realizada com 2.149 dirigentes das 100 principais empresas japonesas, 78,3% chegaram à sua função atual através da promoção interna. Apenas 13,3% foram recrutados de fora. A promoção interna também aparece como um fator de motivação do pessoal, pois o dirigente de empresa é o exemplo a seguir, tendo o resto do pessoal, em teoria, a possibilidade de se tornar chefe de serviço ou mesmo um diretor por seu trabalho e mérito pessoais. É preciso destacar a esse respeito que o fenômeno, apelidado na França de *pantouflage**, isto é, o fato de que um ex-alto funcionário do Estado detenha um posto-chave numa empresa privada, é muito menos desenvolvido no Japão, como mostra o quadro 7. No Japão o *pantouflage*, chamado de *Amakudari* (descida do céu), é objeto de vivas críticas por parte da mídia e da opinião pública. Apesar desse sentimento desfavorável, é uma prática que vem ganhando terreno.

G) O senso da responsabilidade — A sociedade japonesa tende a punir uma pessoa que tenta jogar sua própria responsabilidade no próximo. Quando um dirigente de em-

QUADRO 7 — **A proporção do "pantouflage"**

	Japão		*França*	
	1	*2*	*3*	*4*
	Dirigentes de 1.033 principais sociedades	Dirigentes de 100 principais sociedades	*PDG* de 100 principais sociedades	Administradores de 152 principais sociedades
Amostra	1.566	1.050	96	172
Data do estudo	1982	1974	1972	1970
% "pantouflards"	3,2	3,5	33,3	43,6

Fontes: 1. Nihon Keizai, *Shimbun*, 11 de setembro de 1982.

2. Takao Nomura, "Prós e contras do 'Amakudari' " (em japonês), Chuo Keizai, 1974.

3. Dominique Monjardet, "Carreira dos dirigentes e controle da empresa", *Sociologie du Travail*, abril-junho de 1972.

4. Yves Jannin, "Perfil dos administradores de controle das grandes sociedades", *Humanisme et Entreprise*, n.º 2, 1975.

* Palavra derivada de *pantoufle* (chinelo). (N.T.)

presa indica o comportamento do sindicato, as medidas tomadas pelos poderes públicos, ou a concorrência estrangeira, por exemplo, pelo mau desempenho alcançado, essa atitude é considerada como uma confissão de incompetência, como uma falta de integridade e de coragem para examinar com lucidez os problemas e tomar as providências necessárias a fim de resolvê-los. Essa norma social japonesa certamente levou os dirigentes japoneses a se preocuparem, antes, com a melhor adaptação possível às modificações que intervêm na conjuntura nacional, do que alimentarem em relação a ela um certo número de razões de queixa, acusando-a.

8. *A ausência de contrapoder* — Todo poder pode caminhar para a corrupção se não for contrabalançado e controlado por um contrapoder. Ora, o poder patronal japonês não conhece verdadeiros freios. Foi M. T. Tujiki, o presidente da Sociedade Nippon Steel, quem declarou que o controle sobre o poder de um presidente japonês só decorre dele mesmo[5]. O conselho de administração e, por conseguinte, a direção de uma empresa japonesa são liças que em geral escapam do controle externo. Os acionistas não têm a vontade nem a possibilidade de fazer uso de seus direitos por ocasião da assembléia geral. Enfim, em termos de relação de forças, os sindicatos operários encontram-se em situação desigual em relação à direção, pois estão isolados e limitados à empresa, não podendo, contrariamente aos sindicatos ocidentais, contar com relações solidárias entre uma mesma organização sindical, a nível de um ramo ou a nível nacional.

Os dirigentes japoneses beneficiam-se com um poder e uma liberdade de manobra sem comparação com os de que se beneficiam os sindicatos. Certamente, o patronato japonês em seu conjunto parece ter correspondido à confiança dos assalariados. No entanto, é preciso dizer que essa posição de força que o patronato ocupa pode às vezes conduzir ao abuso de autoridade. Resta examinar de que maneira irá se estabelecer um equilíbrio de forças entre os patrões e os trabalhadores japoneses, equilíbrio fundado em princípios de democracia e de eqüidade social.

5. *Nikkei Business*, 26 de janeiro de 1981.

II. A administração

1. *As funções dos quadros* — Quando se fala em "quadro" é preciso entender os quadros que ocupam as seguintes posições hierárquicas: *Bucho* (diretor de departamento) e *Kacho* (chefe de serviço). Há também numerosos escalões e títulos intermediários tais como *Jicho* (diretor adjunto) ou *Kacho Dairi* (chefe adjunto), etc. Os títulos mais comumente empregados são os de *Bucho* e *Kacho*.

O que talvez seja específico do Japão é que o valor e o prestígio desses dois títulos são reconhecidos não apenas no seio da empresa como também, muito mais além, no nível de toda a sociedade. Na ausência de verdadeiras categorias sociais e profissionais, e de sinais de distinção aos quais os japoneses possam referir-se e se identificar, a categoria e o título que um indivíduo detém na empresa tornaram-se denominadores sociais comuns amplamente aceitos e aos quais correspondem uma credibilidade e um prestígio social específicos. Isso é tanto mais válido no plano da vida privada; um título hierárquico na empresa conta muito mais do que na Europa. Essa consideração por parte da sociedade é provavelmente uma das fontes mais importantes da motivação dos assalariados japoneses no trabalho e para a ascensão social.

Em particular, o título de *Kacho* é importante sob dois aspectos. Em primeiro lugar, porque é a primeira posição hierárquica realmente importante e que constitui o principal objetivo da maioria dos assalariados para se garantirem um mínimo de prestígio social e a melhor oportunidade de êxito na empresa. Em segundo lugar, é o *Kacho*, com sua unidade de trabalho *Ka* (seção, serviço), que permite que a vida cotidiana funcione. Sempre em contato direto com a rude realidade, o *Kacho* é o escalão na hierarquia mais informado sobre os problemas atuais e futuros em seu campo de competência. Quase nenhuma decisão é tomada, mesmo de importância estratégica, e não se concebe a idéia de colocar em prática uma decisão sem a intervenção de um *Kacho*. Ele é habitualmente assessorado por um ou dois de seus colaboradores mais próximos e experientes, e dirige e supervisiona as atividades habituais. O *Kacho* também pode propor novas idéias ou novos projetos à sua hierarquia superior, o *Bu-*

cho. O *Kacho* preenche duas funções de comando, como responsável ao mesmo tempo pela organização formal e pelo grupo informal. É com base nesta última função que ele se interessa pelos problemas pessoais de seus colaboradores. Com freqüência, o próprio *Kacho* auxilia seus subordinados quando uma tarefa exige uma execução rápida. Assim, ele é o planejador, a pessoa que decide, o formador, e também o executante da mesma forma que seus colaboradores[6].

Em compensação, o *Bucho* permanece afastado do "terreno" e, em geral, menos ocupado. Seu papel essencial é o de uma correia de transmissão entre a direção e os *Kacho*. Ele coordena as atividades e determina as relações entre os diversos serviços e com os outros departamentos. O *Bucho* participa da elaboração de um novo projeto com os *Kacho* e trata de obter a aprovação da direção geral. Ele intervém todo o tempo para resolver um problema de caráter excepcional a pedido do *Kacho* ou então por sua própria iniciativa. Naturalmente, a realidade é mais complexa e variada, e acontece de vez em quando que a linha de demarcação entre *Bucho* e *Kacho* seja indistinta. Essa situação pode ser agravada pela existência de múltiplos escalões hierárquicos, seja entre eles, seja de modo paralelo.

2. *A fonte da autoridade* — Num estudo efetuado junto a 37 quadros, colocou-se a questão a respeito do que eles consideram como a fonte mais importante de sua autoridade aos olhos de seus colaboradores[7]. "A própria personalidade" veio na frente com 40,5%, seguida pela "confiança mútua", com 24,3%. Em terceiro lugar encontra-se "o poder e a responsabilidade hierárquica", com 21,6%. Pode-se afirmar que 75,7% dos quadros interrogados se orientam para o enfoque "Relações humanas" baseados na comunicação e na confiança. O restante, 24,5%, dá maior ênfase aos objetivos da organização e à motivação por uma recompensa material ou pela possibilidade de promoção. Tais resultados confirmam a idéia geralmente aceita no Japão segundo

---

6. Para ter uma boa idéia da vida de um *Kacho*, o leitor poderá se interessar em ver o filme 16mm intitulado *Kacho*, disponível gratuitamente no IRM, 174, boulevard Haussmann, 75008, Paris.

7. Masumi Tsuda, "Defesa da administração japonesa" (em japonês), Tóquio, Tóquio Keizai, 1976, p. 132.

a qual a autoridade hierárquica deve ter o consentimento daqueles que lhe são subordinados, e não deve ser imposta de maneira unilateral.

3. *O sistema de promoção* — Segundo o *Livro Branco* do Ministério do Trabalho para o ano de 1981, a idade média do *Bucho* e do *Kacho* era, em 1980, de 48,9 anos e 42,6 anos para as empresas que empregavam mais de 1.000 assalariados. Isso representa um envelhecimento de cerca de dois anos para esses dois postos em relação a 1970, quando a idade média era de 47,1 e 40,4 anos, na mesma ordem. Tal fenômeno coloca em evidência um dos maiores problemas em matéria de promoção aos postos de adminstração, qual seja, uma falta cada vez mais importante de postos de responsabilidade e um sentimento de frustração experimentado pelos candidatos potenciais para os quais já não há postos disponíveis devido à moderação, ou mesmo a diminuição das atividades da empresa, por causa da crise geral.

Já vimos a que ponto um título de quadro é importante para os assalariados japoneses. O sistema tradicional de promoção baseia-se no tempo de serviço, e a remuneração é diretamente relacionada aos postos. Isso significa que não se pode esperar um aumento sensível de salário se não se chega a um posto de administração. Durante muitos anos, empresas japonesas criaram escalões intermediários com o objetivo específico de responder à expectativa compreensível dos candidatos qualificados à promoção por tempo de serviço. Isso levou a uma verdadeira proliferação de postos e de títulos, que por sua vez colocou problemas no plano da gestão salarial, da comunicação e da repartição das tarefas entre os titulares de títulos múltiplos. Tal "inflação" de títulos tornou-se praticamente inadministrável para a maioria das empresas que já não podem dar aumentos de salários, sobretudo depois dos choques do petróleo. Dois outros aspectos amplificam este problema: a forte taxa de acesso ao ensino superior e o envelhecimento rápido da população.

O sistema de "qualificação" (*Shikaku Seido*) é uma resposta a essa situação. Trata-se de dissociar a remuneração e os postos hierárquicos. Segundo este novo sistema de hierarquia, a administração e o pessoal são classificados de acordo com tabelas estabelecidas em função da competência e da natureza das tarefas (responsabilidade, conhecimentos, experiência, grau de complexidade, etc.). A cada nível de classificação corresponde um montante de salário. Todavia, não há correspondência estrita entre a qualificação e a posição hierárquica. Uma pessoa pode receber uma remuneração de *Bucho* sem possuir esse título. O novo sistema permite, assim, distinguir dois tipos de carreira: um para os administradores, o segundo para os especialistas num campo específico. Estes últimos podem se beneficiar com um tratamento idêntico ao do *Bucho*, um generalista, por exemplo, sem se tornar um, desde que a qualificação seja a mesma.

4. *As perspectivas* — Por considerar o meio econômico cada vez mais incerto e a competição cada vez mais acirrada, a tendência geral é acentuar a competência e o mérito individuais em detrimento do tempo de serviço. Assim, por exemplo, a Nippon Steel Corporation, no que diz respeito à evolução do pessoal e dos quadros, declarou sua intenção de levar a relação tempo de serviço/mérito individual, que é atualmente de 60/40, para 58/42 a curto prazo, e 50/50 a médio prazo[8]. Os postulantes aos postos de administração e os próprios quadros parecem ser os mais expostos e mais diretamente envolvidos nesta importante reforma que interveio no método de gestão japonesa.

III. O pessoal

1. *Recrutamento* — Os assalariados, excetuando-se os quadros, dividem-se em *Shokuin* (empregados) e *Koïn* (operários). O pessoal feminino entra numa categoria separada da qual falaremos adiante. O recrutamento é feito de duas formas: ou diretamente junto aos estabelecimentos escolares no fim dos estudos, ou então apelando para o mercado de trabalho com a publicação de pequenos anúncios, recorrendo ao jogo das relações pessoais, à Agência pública para o Emprego, etc. O exercício fiscal e o ano escolar terminam no dia 31 de março e os jovens diplomados que acabam de ser empregados assumem sua função na empresa a partir de 1º de abril. O esforço de recrutamento dirige-se a três categorias: diplomados universitários, alunos do colegial do pri-

8. *Asahi Shimbun*, 7 de fevereiro de 1981.

meiro e segundo ciclos[9]. Para o que diz respeito aos primeiros, o recrutamento começa desde o mês de setembro do ano anterior pela divulgação das ofertas de emprego nas universidades. Na maioria das vezes, o recrutamento não é feito para um posto bem definido e particular. Os estudantes efetuam visitas às empresas que lhes interessam. Com freqüência, a decisão de contratação é tomada no decorrer de uma conversa informal por ocasião de uma dessas visitas. Depois de um teste e de uma conversa formal, a maioria dos estudantes consegue seu primeiro emprego ainda durante o mês de outubro.

Para o que diz respeito aos alunos de liceu, as empresas enviam suas ofertas de emprego e aceitam quase que automaticamente as candidaturas que as instituições de ensino propõem. A demanda por essa categoria de jovens têm sido tão grande que as empresas não conseguem fazer uma seleção. O número de jovens recrutados diretamente na escola é importante e, no caso de grandes empresas, chega a várias centenas de pessoas. Apesar disso, é bom lembrar que o recrutamento por esse meio representa apenas um quarto (25,5% em 1978, segundo o Ministério do Trabalho) do total do pessoal contratado. As empresas não param de recrutar e esse é o caso típico de uma organização que necessita de especialistas experientes. Por isso, a mobilidade da mão-de-obra entre empresas não é tão reduzida quanto se pensa; ao contrário, é bastante elevada.

2. *Os critérios de seleção* — Os critérios empregados no momento da seleção dos candidatos variam de acordo com cada empresa. O procedimento mais importante de seleção é a entrevista com os responsáveis pelo departamento pessoal e com os quadros superiores, até mesmo com o presidente, no caso de jovens diplomados. Segundo uma pesquisa feita junto às 700 principais sociedades, os critérios considerados mais importantes para a seleção dos diplomados uni-

9. O sistema de ensino público no Japão fundamenta-se em 5 tipos sucessivos de estabelecimentos: escola primária (*Shogakko*), seis anos, dos 7 aos 13 anos; colégio de ensino secundário do primeiro ciclo (*Chugakko*), três anos, dos 13 aos 15 anos, que marca o fim do ensino obrigatório; o liceu (*Kotogakko*) de três anos, dos 15 aos 17 anos; o ensino superior (*Daigaku*), de dois anos (primeiro ciclo) e quatro anos. Há estabelecimentos escolares no nível secundário que preparam para a vida ativa.

versitários em disciplinas não científicas são, em primeiro lugar, o dinamismo e a motivação (79,8%), seguidos pela adesão ao "espírito da casa" (60,3%), a capacidade de julgamento e a perspicácia, 59%, e, por fim, a tendência para a criatividade e a imaginação, 54,3%[10]. É interessante notar que a personalidade e o comportamento ocupam um lugar primordial na avaliação dos homens.

3. *O nível de educação* — O nível de educação no Japão é mais elevado do que na maioria dos países ocidentais. Em 1980, 94,2% dos jovens oriundos do primeiro ciclo do ensino secundário prosseguiram seus estudos no segundo ciclo. A taxa de acesso, também elevada, para o ensino superior deu origem a um fenômeno de nivelamento das condições e das diferenças salariais entre os diplomados universitários e os *bacheliers**[11]. Segundo as estatísticas do Ministério do Trabalho para o ano de 1979, 15,6% dos diplomados universitários são "colarinhos azuis", mais precisamente, operadores qualificados, trabalhadores manuais, etc. Além disso, 23,1% são "colarinhos cinzas", empregados na área de vendas, prestação de serviços, etc. O resto reúne os "colarinhos brancos", com 61,2%, mas sua proporção vem diminuindo sensivelmente. Ela era de 75,8% em 1960. A diferença salarial também diminui ano após ano[12]. Para uma renda total de 100 de um diplomado universitário durante toda sua vida profissional, o *bachelier* alcança o índice 81,6, o que representa um claro aumento em relação aos 77,5 em 1975[13].

Outra maneira de examinar essa situação é determinando com que idade um diplomado universitário pode alcançar um *bachelier* em termos de renda acumulada da qual serão deduzidos os custos de educação universitária. Em 1965, era aos 36 anos e 2 meses, em 1978, aos 40 anos[14]. Enfim, a proporção dos universitários que trabalham nas pequenas e médias empresas encontra-se em aumento contínuo. Essa

---

10. Semanário *Diamond*, de 2 de outubro de 1982, p. 115.

* Aqueles que obtêm o *baccalauréat*, diploma que dá acesso ao ensino universitário. (N.T.)

11. 37,9% no Japão em relação a 25,2% na França e 22,7% na República Federal da Alemanha, segundo o Ministério da Educação, Japão.

12. Citado na nota 11.

13. *Ibid.*.

14. *Ibid.*

"operarização" dos diplomados universitários vai continuar nos próximos anos. Uma parte da opinião pública japonesa considera que o ensino superior é cada vez menos interessante de um estrito ponto de vista de "rentabilidade" e essa maneira de pensar se reflete desde 1975 pela estabilização da taxa de ingresso no ensino universitário.

4. *Formação* — Uma particularidade em matéria de formação consiste em buscar o desenvolvimento de um homem completo e equilibrado, capaz de preencher suas responsabilidades em sua função mas também e sobretudo de adquirir e desenvolver qualidades pessoais, em particular a capacidade de trabalhar em equipe e de se entender com os outros, a vontade de contribuir no interesse do grupo e da empresa, o gosto pela realização e pelo desenvolvimento pessoal, o sentido de responsabilidade, e, enfim, o encanto transmitido pela personalidade, que granjeará a adesão espontânea dos colegas, dos colaboradores e dos superiores hierárquicos.

Sem dúvida, a formação interna "no trabalho", chamada no Japão de "OJT" (*on-the-job training*), é a forma mais difundida e mais significativa nas empresas japonesas. Trata-se de uma transferência direta de conhecimentos e experiências profissionais entre os homens no local de trabalho em torno de problemas ou acontecimentos cotidianos. Essa formação é assegurada pela hierarquia e por colaboradores experientes. O *OJT* foi formalizado em certas empresas. A formação *OJT* é menos onerosa do que a maioria dos outros sistemas. Por isso, as despesas financeiras em matéria de formação das sociedades japonesas não seriam tão significativas como indicador do esforço da formação.

Um outro método, também empregado com freqüência, é a rotação dos cargos, tanto para os empregados de escritório, quanto para os quadros e os operários. Essa abordagem permite que os homens se tornem polivalentes e adquiram conhecimentos amplos ao se confrontarem com problemas em diferentes setores de atividade. A parte formalizada da formação interna consiste num estágio de orientação organizado em proveito das pessoas recém-chegadas na empresa, um estágio para o pessoal com alguns anos de tempo de serviço e um estágio para os contramestres e a administração. Paralelamente, diversos estágios específicos são organizados para cada função, com a utilização dos mais variados métodos; redação de relatórios, ensino à distância, discussão em grupo, grupos de estudos, seminários internos e externos, missões de estudos no exterior, etc.

5. *A motivação e a tomada de decisão* — Sem dúvida, os assalariados japoneses parecem motivados pelo trabalho, se compararmos sua taxa de absentismo de 1,9% com a dos franceses, de 8,3%, dos alemães, de 7,7% ou dos suecos, de 13,8%[15]. O japonês é, em geral, muito preocupado com seu desenvolvimento pessoal. A motivação no trabalho pode ser explicada de diferentes maneiras. A seriedade, o senso das responsabilidades e a dedicação ao trabalho são ainda hoje os valores fundamentais da sociedade japonesa. Essa orientação torna-se mais acentuada na medida em que a concorrência aumenta.

Entretanto, é preciso não esquecer que, nos métodos de gestão japonesa, encontram-se elementos suscetíveis de motivar os assalariados, tais como a autonomia ou a participação. No contexto japonês, a autonomia significa a delegação do poder de decisão no nível operacional e no de simples executante. O processo de tomada de decisão por *Ringi* inscreve-se nesse quadro. Uma decisão é em geral tomada depois de palestras ou reuniões entre *Kacho* e seus colaboradores. É bom lembrar que o verdadeiro centro de decisão encontra-se no nível do *Ka*. O *Jomukaï* ou o conselho de administração é antes uma instância de validação das propostas cuja maioria emana deste setor operacional.

É importante assinalar que uma decisão numa empresa japonesa quase nunca é imposta pela hierarquia. Pois um responsável que decide de maneira unilateral e autoritária não pode assegurar a adesão de seus colaboradores a longo prazo. Uma decisão pelo processo de consenso é portanto tomada em todos os níveis hierárquicos. Isso requer longas e numerosas discussões que permitem aos participantes apresentarem seu ponto de vista e confrontarem as vantagens e os inconvenientes das diferentes soluções propostas para resolver um determinado problema. No entanto, essas discussões já fazem parte do processo de execução da decisão, pois as pessoas responsáveis pela futura decisão estão pre-

15. Instituto de Economia da Alemanha, dados reproduzidos no *Intersocial*, nº 67, janeiro de 1981.

sentes nas discussões e se sentirão em seguida solidárias e responsáveis por "suas" decisões. Uma proposta assim decidida no nível do *Ka* é explicada pelo *Kacho* a seu superior hierárquico, o *Bucho*. Uma vez estabelecido o consenso entre o *Kacho* e o *Bucho*, este efetua o mesmo procedimento junto à direção geral para obter seu acordo. Essa fase preparatória e informal denomina-se *Nemawashi*, que corresponderia à noção de *faire les couloirs*, em francês.

É no curso desse processo que se toma, *de facto*, a decisão, que resolvem as diferenças de pontos de vista e que se obtém a adesão de todas as pessoas envolvidas no momento de se colocar em prática a decisão. Apenas a partir do momento em que o "sinal verde" é dado de modo informal pela direção, tem início o processo formal de tomada de decisão. Uma fórmula de *Ringi* (ou *Ringisho*) é redigida pelo *Kacho* e por seus colaboradores que colocam sua chancela como autores da proposta. A circular cobre todos os aspectos do projeto, seus objetivos, os meios de financiamento, os resultados previstos, o processo de realização, etc. A proposta é oficialmente validada depois que todos os responsáveis hierárquicos e os membros da direção geral envolvidos colocaram sua chancela no *Ringisho* em sinal de aprovação. Segundo a importância da proposta, ela é submetida à deliberação no seio do *Jomukaï* ou do conselho de administração, mas a aprovação é quase automática uma vez que os trabalhos preparatórios já foram efetuados visando a uma decisão oficiosa.

Assim, graças ao sistema de comunicações, formais e informais, com os colegas e os responsáveis hierárquicos no seio do *Ka*, o sistema *Ringi* permite a simples executantes propor uma idéia ou um projeto. O principal defeito deste sistema: nem sempre a responsabilidade é clara já que é dividida por todas as pessoas que aprovaram o projeto. Em geral, são considerados responsáveis o autor do projeto e seu superior hierárquico imediato; no entanto, isso não tem grande significação, pois, mesmo que, mais tarde, a decisão venha a se revelar infeliz, em geral não há punições. De acordo com o ponto de vista japonês, o importante é não punir ou recompensar a curto prazo; isso deve ser feito a longo prazo.

IV. As condições de trabalho

1. *O salário* — Cerca de 70% das empresas japonesas aplicam um único sistema de remuneração para todos os assalariados, operários, empregados e quadros. Pode-se dizer que o pagamento mensal dos trabalhadores manuais é bastante generalizado[16]. O salário-base é determinado, em 45% das empresas, em função da tarefa ou do rendimento individual, em 10%, em função de parâmetros pessoais, tais como a idade, o tempo de serviço, a formação universitária, etc., e, em 45%, segundo uma fórmula que combina as duas coisas. O salário-base representa pouco mais de 80% da renda mensal global. O restante divide-se da seguinte forma: 10% em diversos auxílios (auxílio-família, gratificações de transporte, de moradia, de assiduidade, etc.) e 10% em horas extras. O salário-base serve também como base de cálculo para o aumento regular do salário, do bônus e da aposentadoria. De um modo geral, o aumento dos salários se faz uma vez por ano, compondo-se, em primeiro lugar, de um aumento geral dos salários (*base-up*) para todos os assalariados, calculado em função do aumento do custo de vida, das melhoras de produtividade e da rentabilidade da empresa. Além disso, o aumento anual leva em conta elementos individuais tais como a promoção, o tempo de serviço, a mudança de função, etc.

2. *O bônus* — Além dos salários mensais, duas vezes por ano, em junho e dezembro, os assalariados japoneses recebem gratificações denominadas "bônus" que representam no total quatro a seis meses de salário. A renda anual alcança, portanto, entre dezesseis e dezoito meses de salário. Os sindicatos consideram o bônus um pagamento diferido do salário. O patronato sustenta que se trata de uma vontade da direção de distribuir uma parte dos benefícios para recompensar o esforço dos assalariados. Na realidade, o bônus é considerado uma remuneração fixa e regular tanto pelo patronato quanto pelos assalariados. Apenas no caso de uma empresa estar numa situação financeira difícil

16. Os números citados a seguir são tirados, salvo indicação contrária, do "Memento das estatísticas práticas do trabalho" (em japonês), publicação anual do Centro Japonês de Produtividade, Tóquio.

é que o número das mensalidades pagas pode ser reduzido. Em compensação, o bônus pode ser aumentado em função da rentabilidade da empresa.

3. *A indenização de aposentadoria* — Com o sistema de bônus, a indenização de aposentadoria constitui um elemento fundamental da remuneração no Japão. Um assalariado que passou toda a vida numa mesma empresa pode obter na idade-limite de 55 anos uma indenização equivalente a 29 mensalidades de salário. O montante pago é de apenas doze meses de salário se o assalariado deixar a empresa após vinte anos de tempo de serviço. O sistema motiva os trabalhadores que tenham um certo tempo de serviço na empresa a não mudar de situação. As empresas japonesas sentem cada vez maiores dificuldades para enfrentar seus compromissos financeiros importantes, considerando-se o envelhecimento do efetivo e as ameaças da crise econômica. Além disso, a recente decisão do patronato da indústria siderúrgica de prolongar a idade obrigatória da aposentadoria de 55 para 60 anos está se generalizando. Isso significa que os custos com pessoal vão aumentar ainda mais. Assim, a tendência atual é pagar uma parte da indenização no momento da aposentadoria, sendo a outra parte paga parceladamente na forma de pensão de aposentadoria. Esta fórmula já é praticada por 54% das empresas que empregam mais de 1.000 assalariados. Outras sociedades modificaram as modalidades de cálculo, por exemplo, só aplicando 50% do aumento anual de salário sobre a base de cálculo da indenização. Outros bloqueiam ou tornam menor o aumento do coeficiente (número de mensalidades de salário) a partir de um certo tempo de serviço.

4. *A duração do trabalho* — É sabido, e é um fato exato, que os assalariados japoneses passam muito mais tempo na empresa do que seus homólogos europeus. Em 1978, a duração anual do trabalho era de 2.146 horas para os assalariados japoneses, o que representa um aumento de 87 horas em relação a 1975. A cifra correspondente para a França é de 1.797, e para a Alemanha Federal é de 1.728 horas. Em 1979, 5,6% do conjunto das empresas praticam a semana de cinco dias no sentido estrito da palavra, do que se beneficiam 24% da população ativa; 50% dos assalariados japoneses ainda trabalham no sábado. Um dos maio-

res obstáculos para a generalização da semana de cinco dias é o fato de os bancos não fecharem no sábado de manhã. Em breve, os estabelecimentos bancários já não trabalharão no sábado e isso terá uma repercussão decisiva em favor da aplicação geral da semana de cinco dias. Um traço característico do Japão é que os assalariados não utilizam todos os dias de férias a que têm direito. Segundo pesquisa do Ministério do Trabalho, as taxas de dias de férias efetivamente utilizados em relação ao direito fixado é de 61-65% nas grandes empresas e de 52% nas pequenas e médias empresas. As férias de verão não duram senão 3,1 dias em média, e em apenas 3,5% das empresas de mais de 1.000 pessoas são superiores a 7 dias.

A presença dos assalariados na empresa nem sempre implica necessariamente o fato de que estejam de fato trabalhando. Com freqüência eles ficam no escritório ou na fábrica depois do expediente sem motivos muito precisos, só para conversar sobre assuntos estranhos à atividade profissional. É uma oportunidade para melhor cimentarem as relações humanas e este é um elemento essencial da vida da empresa japonesa. Para muitos trabalhadores japoneses, a linha de demarcação entre a vida na empresa e a vida particular não é muito nítida. A empresa, para eles, não é apenas um local de trabalho mas também um lugar de encontros pessoais que permitem a distração, e a conversa sobre problemas pessoais. Nesse sentido, a empresa japonesa pode aparecer de certo modo como uma extensão da família. Evidentemente, isso tende a ocasionar uma perda de produtividade no trabalho por hora de serviço. De fato, o Japão está nitidamente mal situado a esse respeito em relação a outros países industrializados, com o índice 100 para o Japão em relação a 141 para a França e 139 para a Alemanha Federal, segundo o Centro Japonês de Produtividade.

V. O sistema de emprego

Com a remuneração, a promoção por tempo de serviço, e o sindicato de empresa, o sistema de emprego por toda a vida é considerado um dos pontos-chave da gestão da empresa japonesa. Ora, uma série de comparações efetuadas nesses últimos tempos com outros países revelam que este fenômeno não é assim tão pronunciado nas empresas japonesas quanto se tende a acreditar e que o mesmo sistema também existe nas empresas européias e às vezes norte-americanas[17]. Como veremos mais adiante, a diferença entre a Europa e o Japão é antes de grau do que de natureza. Em todo caso, seria exagerado dizer que o emprego por toda a vida é um sistema que não existe exclusivamente no Japão. No entanto, o emprego por toda a vida tal como é praticado no Japão parece caracterizar-se por um compromisso moral e não escrito do patronato em matéria de segurança do emprego do pessoal durante toda a vida profissional, desde o momento em que é empregado até a idade da aposentadoria. Também é uma norma social japonesa que vai exercer uma real pressão psicológica sobre o patronato.

Em tais condições, a segurança do emprego vem antes da rentabilidade da empresa, e uma dispensa de pessoal, mesmo parcial e limitada, não seria e nem poderia ser justificada a não ser em caso de situação desesperadora. Da mesma forma, nas empresas japonesas é muito raro uma pessoa ser dispensada por insuficiência profissional. Somente uma conduta faltosa ou criminosa em relação à empresa ou à coletividade pode ocasionar a dispensa; mesmo nesse caso, entretanto, é comum a dispensa ser substituída por uma demissão voluntária para preservar a honra, o que se constitui uma nova oportunidade que é dada à pessoa em questão. O compromisso por um longo prazo que esses laços criam também é recíproco, na medida em que o pessoal manifesta "lealdade" em relação à empresa trabalhando nela até a aposentadoria. As pessoas que mudam de situação costumam ser mal consideradas no Japão, tanto na empresa como na sociedade, pois são suspeitas de falta de lealdade, de ausência de perseverança ou de senso das relações hu-

17. A crítica dessa tese tão difundida sobre o emprego por toda a vida nas empresas japonesas deve-se particularmente ao prof. Kazuo Koike, que desenvolve seus princípios gerais na obra "A habilidade japonesa" (em japonês), Tóquio, Yuhikaku, 1981. Ver também Haruo Shimada, *Le système d'emploi japonais*, trad. francesa pelo Instituto japonês do Trabalho, Tóquio, 1981, publicada na França pelo UIMM, Paris.

manas. A punição no plano psicológico, portanto, é importante para os trabalhadores que não respeitam essa regra do jogo.

A realidade do emprego por toda a vida — As estatísticas evidenciam que a taxa de jovens diplomados que deixam o emprego no decorrer do primeiro ano de atividade profissional é bastante elevada, e esse indicador tem uma importância especial se considerarmos o pequeno tamanho das empresas e a baixa porcentagem de diplomados. A única exceção é constituída pelas empresas que empregam entre 300 e 900 pessoas, nas quais essa taxa é menos elevada qualquer que seja o diploma considerado. Mesmo nas grandes empresas com mais de 1.000 pessoas, cerca de 7% dos jovens diplomados universitários, 15% dos alunos de liceu diplomados do segundo ciclo, assim como 40% dos alunos de liceu diplomados do primeiro ciclo deixam seu primeiro emprego[18].

Segundo o estudo comparativo realizado pelo prof. Koike com base nas estatísticas oficiais do governo japonês e da Comunidade Européia, os empregados japoneses cujo tempo de serviço é inferior a dois anos só representam 8%, o que é menos elevado do que na França, com 12,7% ou na Alemanha, com 15,4%. A mesma constatação se verifica para o que diz respeito aos operários[19].

Em compensação, o mesmo estudo, ao colocar em jogo um tempo de serviço maior, dá resultados inteiramente diferentes. Quanto a um tempo de serviço superior a vinte anos, a proporção dos empregados masculinos japoneses que atingiram essa marca é menos importante do que em três países da Europa (18,3% para o Japão, 23,1% para a França, 20,5% para a Alemanha). O mesmo ocorre no que diz respeito aos operários masculinos.

É certo que a mobilidade dos empregados e dos operários é mais elevada na Europa do que no Japão quando consideramos pessoas com menos de vinte anos de tempo de serviço. Isso não deveria dissimular o fato, até agora não

18. Ministério do Trabalho, "Pesquisa sobre as tendências do trabalho" (em japonês), 1978, analisada por Masumi Tsuda, "Os fundamentos da gestão da empresa japonesa" (em japonês), Chuokeizaisha, 1980, p. 50.

19. Koike, *op. cit.*

verificado, de que, uma vez ultrapassados os dois anos de tempo de serviço, os assalariados europeus também continuam na mesma empresa por tanto tempo quanto os japoneses. Observa-se ademais que o emprego por toda a vida é mais desenvolvido nas grandes empresas japonesas, considerando-se as diferenças que não podem ser deixadas de lado entre as grandes sociedades e as pequenas e médias empresas em matéria de prestígio, de condições gerais de trabalho e de perspectivas a longo prazo (24,4% para as empresas com mais de 1.000 assalariados, e 11,3% para as pequenas empresas com menos de 99 pessoas; números que se referem aos empregados masculinos cujo tempo de serviço é superior a vinte anos).

VI. O sistema de remuneração

1. *A remuneração por tempo de serviço* — O aumento dos salários em função do tempo de serviço também é considerado um traço característico específico do Japão. A esse respeito impõe-se um esclarecimento à luz das perspectivas comparativas. O estudo citado pelo prof. Koike mostra que a remuneração por tempo de serviço é mais comum no Japão se compararmos as grandes empresas japonesas com as dos países europeus. No que diz respeito às pequenas e médias empresas, entretanto, constatamos aproximadamente as mesmas diferenças salariais que na França, provocadas por diferenças de idade.

Deve-se assinalar também que a queda das rendas a partir de 55-59 anos é mais acentuada no Japão do que na Europa. Isso é particularmente verdadeiro nas grandes sociedades em que o nível dos salários cai pelo menos para a metade depois dos 60 anos em relação ao ápice atingido entre 50 e 54 anos. Essa diferença torna-se muito menos marcante nas empresas japonesas que empregam menos de 99 pessoas. Em compensação, não se constata uma tal redução de salários nos países europeus já citados; tais diferenças são mantidas mais ou menos no mesmo nível nas faixas de idade superiores a 55 anos. De uma maneira geral, pode-se dizer, portanto, que a remuneração por tempo de serviço só existe no Japão até a idade de 50-54 anos e que ela é praticada sobretudo nas grandes empresas. Isso se deve ao fato de que a idade-limite para a aposentadoria é fixada, em média, em 57 anos e que nessa idade há uma mudança de situação e uma redução das rendas para a maioria dos assalariados japoneses.

Passada essa idade-limite, os assalariados japoneses encontram-se numa das três situações a seguir. São reempregados pela mesma empresa numa função menos importante, o que provoca automaticamente uma redução na remuneração entre 10 e 30%. (Esse sistema é praticado em 60,5% das empresas com mais de 30 assalariados[20].) Seu emprego na empresa é prolongado e continuam a exercer a mesma função e a receber o mesmo salário e os mesmos benefícios. (Esta é, evidentemente, a fórmula preferida pelos assalariados, praticada em 26,4% das empresas.) As sociedades recorrem ora a um ora a outro sistema (13,1%). É bom lembrar que 18,4% das empresas não empregam assalariados com mais de 57 anos. No caso de reemprego, a duração máxima é inferior a três anos em 63,3% das empresas e em 49,8%, no caso de prolongamento do emprego. Além disso, no que diz respeito aos assalariados que trabalham além da idade-limite, não se pode falar nem de estabilidade no emprego nem de remuneração por tempo de serviço. Trata-se, antes, de redução dos salários em função do tempo de serviço. Deve-se assinalar também que a direção reserva para si o direito de decidir quem se beneficiará de uma ou de outra das duas fórmulas. Em 69,1% das empresas onde o reemprego é praticado e em 66,7% daquelas onde o emprego é prolongado, a direção decide sozinha, sem levar em conta os desejos dos interessados. Os critérios que orientam tal escolha são o mérito pessoal e a utilidade para a empresa.

Os assalariados que não podem permanecer na sociedade depois da idade-limite e que querem continuar a trabalhar, como ocorre com freqüência, vêem-se obrigados a procurar um novo emprego numa outra sociedade. Em geral, eles começam essa segunda carreira numa pequena ou média empresa, mas seu novo salário é consideravelmente

20. Ministério do Trabalho, "A pesquisa sobre a gestão dos empregos" (em japonês), 1980.

reduzido em relação ao salário precedente. Em 1977, as grandes empresas empregavam um terço da população ativa cuja idade estava compreendida entre 50 e 54 anos, ou seja, alguns anos antes da idade-limite. Para a faixa de idade superior a 60 anos, entretanto, essa proporção reduzia-se a 9% apenas. Em compensação, as pequenas e médias empresas com menos de 99 pessoas reúnem 62% da população ativa com idade superior a 60 anos. Deve-se ter em mente, sobretudo, que deixar uma empresa para se aposentar não significa abandonar definitivamente toda atividade profissional. Um traço característico do Japão consiste no fato de que as pessoas desejam continuar a trabalhar muito além da idade de aposentadoria média, que é de 57 anos. Cerca de 70% dos japoneses que têm entre 65 e 69 anos entram na população ativa, contra 20,5% dos franceses. Esse desejo de trabalhar origina-se mais de uma necessidade psicológica do que de uma verdadeira necessidade econômica. Nesse aspecto, uma das preocupações primordiais dos assalariados japoneses próximos da idade da aposentadoria é poder continuar a trabalhar ainda alguns anos. Uma vez que esta possibilidade é limitada e, em todo caso, depende de uma "concessão" por parte da direção da empresa, os assalariados japoneses devem enfrentar uma concorrência incessante até o fim de sua vida profissional numa mesma sociedade.

2. *A diferença dos salários* — A) As diferenças oriundas do tamanho da empresa — Diz-se, com freqüência, que no Japão, em matéria de remuneração, as diferenças entre as grandes sociedades e as pequenas e médias empresas são enormes. No entanto, o estudo comparativo que o prof. Koike elaborou com relação à França e à Alemanha Federal mostra que a diferença salarial no Japão não é tão grande quanto se pensa. No que diz respeito aos empregados, a diferença é maior no Japão; onde os salários das empresas que empregam entre 10 e 99 pessoas estão em 84 em relação a 100 para as sociedades com mais de 1.000 pessoas. A relação correspondente para a França e a Alemanha é de 90 para 100. A diferença para o Japão não deve ser considerada particularmente elevada. No que diz respeito aos operários, a diferença salarial no Japão é mais ou menos a mesma que na França.

B) A diferença em função da categoria profissional — Sempre segundo o estudo do prof. Koike, a diferença salarial entre empregados e operários é muito menor no Japão (índice 126) do que na França (181). A situação na Alemanha (135) é semelhante à do Japão. O leque de salários parece ser menor nesses dois últimos países do que na França.

C) A diferença devida à posição hierárquica — Se compararmos agora o nível dos salários da administração em relação ao nível médio (índice de base 100) dos salários do conjunto dos empregados, inclusive os próprios quadros, o prof. Koike mostra que o leque de salários é menor no Japão (136) ou na Alemanha (151) do que na França (192). Trata-se de uma comparação aproximada, considerando-se a dificuldade para definir os quadros e efetuar uma comparação numérica entre diversos países.

D) A diferença devida ao sexo — De acordo com o mesmo estudo, no Japão a diferença salarial entre mulheres e homens é maior em relação aos seis países da Europa Ocidental. Essa diferença, entretanto, é inteiramente análoga à dos países europeus até a idade de 25 anos, quando as remunerações das mulheres atingem entre 70 e 95% do salário de um homem. A partir de 25 anos, a diferença se torna sensivelmente maior no Japão do que na Europa. Assim, o nível médio dos salários das empregadas japonesas entre 30 e 34 anos é de cerca de 60% do de seus colegas masculinos e cai para 50% acima de 35 anos. O número correspondente para a França é de cerca de 65%. No que diz respeito às operárias japonesas, o nível médio dos salários é ainda menor situando-se em 45% do dos operários homens até a aposentadoria.

Esta particularidade japonesa explica-se pelo fato de que a maioria das mulheres, empregadas ou operárias, deixa a empresa no momento do casamento ou o mais tardar antes do nascimento do primeiro filho. Isso foi, durante muito tempo, uma tradição fundada na imagem da "mulher no lar". Para a maioria das jovens japonesas, a estada na empresa foi e ainda é uma etapa de alguns anos até o casamento para ganhar um pouco de dinheiro, para conhecer a vida ativa, para se divertir, e, eventualmente, para encontrar o companheiro de sua vida. Nesses últimos anos, um número cada vez maior de mulheres japonesas rompe com a tradição e busca seriamente fazer carreira numa empresa da mesma forma que seus colegas homens. As empresas, entretanto, consideram ainda hoje as mulheres uma força de trabalho "instável", de curta duração. Por isso, em seu conjunto elas não têm verdadeiros planos de carreira e de remuneração para propor às mulheres que buscam se desenvolver profissionalmente numa empresa. Muitas mulheres japonesas voltam ao mercado de trabalho com a idade de 35-40 anos, quando seus filhos já estão crescidos. Na maioria das vezes, entretanto, o trabalho que efetuam é modesto, o que explica uma diferença salarial bastante grande em relação aos homens que têm um tempo de serviço e uma experiência profissional muito maiores.

VII. As relações de trabalho

1. *O sindicato de empresa* — A organização sindical dos trabalhadores é constituída a nível de empresa. O sindicato de empresa, como forma organizacional, representa 90% dos trabalhadores sindicalizados. A nível de um ramo industrial, o sindicato reúne menos de 6% dos trabalhadores e o sindicato de corporação menos de 2%. Existe um acordo, *Union Shop*, em mais de 70% das empresas que têm um efetivo superior a 1.000 pessoas. Segundo esta cláusula, todos os assalariados permanentes de uma mesma empresa são automaticamente filiados ao sindicato sem distinção de categorias. A lei que regulamenta o exercício do direito sindical proíbe os membros da administração a partir do *Kacho* de aderir ao sindicato; o pessoal administrativo, entretanto, pode criar seu próprio sindicato, apesar de até agora não existir nenhum sindicato de quadros. Os dirigentes sindicais são eleitos entre os sindicalizados e podem consagrar-se em tempo integral às atividades sindicais, quando o sindicato é importante. Durante o mandato, são colocados em disponibilidade pela empresa, são remunerados pelo sindicato e voltam a seu posto de trabalho no fim do mandato. A cotização sindical é retirada diretamente dos salários, conforme o acordo de *check-off* firmado entre o sindicato e a direção.

Em geral, uma única organização sindical atua numa mesma empresa. Portanto, não existe rivalidade entre sindicatos de tendências diferentes. No entanto, pode acontecer de um segundo sindicato ser constituído por uma fração de líderes sindicais ou por assalariados descontentes com a política da direção sindical. Esta situação, muito rara, ocorre em geral após um conflito de trabalho longo e duro que tenha ameaçado a existência da empresa. O segundo sindicato é então constituído, animado pela vontade de salvar a empresa e os empregos. O segundo sindicato também pode ser criado sob instigação da direção. Em todo caso, essa situação bastante excepcional provoca com freqüência um antagonismo profundo, podendo chegar a cenas de violência física entre os dois sindicatos.

2. *As federações industriais* — O sindicato de empresa funciona de maneira autônoma e independente no plano financeiro e no que diz respeito à política reivindicatória. Os sindicatos de empresa fazem parte da federação industrial de seu ramo. Esta coordena as ações dos diversos sindicatos que dela fazem parte, especificamente no plano das reivindicações salariais. A federação exerce essa função no quadro da "Ofensiva da primavera" da qual falaremos mais adiante. A federação sindical também defende seus membros em caso de conflito trabalhista, fornecendo-lhes conselhos e ajuda financeira. Em relação ao sindicato de empresa, o poder e a condição financeira das federações sindicais são bastante limitados. Cada sindicato de empresa decide ele mesmo sobre o montante da contribuição a pagar à federação industrial.

3. *As centrais sindicais nacionais* — Cerca de 63% dos trabalhadores sindicalizados são indiretamente filiados a uma das quatro confederações sindicais por intermédio da federação industrial da qual seu sindicato de empresa faz parte. O resto dos sindicalizados, ou seja, 37%, encontra-se nos setores automobilísticos, bancário, comercial, da aviação comercial, etc., e não pertence a nenhuma central nacional. A maior central é a *Sohyo* (Conselho Geral dos Sindicatos Japoneses) que representa 36,3% dos sindicalizados japoneses. A *Sohyo* preconiza o socialismo radical e apresenta, como objetivo principal, a transformação do sistema capitalista pela luta de classes. A posição combati-

va da *Sohyo* deve-se ao fato de que quase 70% de seus membros são empregados no setor público, que não é ameaçado como o setor privado por dificuldades econômicas e falências. É bom lembrar também que os trabalhadores do setor público não têm os mesmos direitos sindicais que seus homólogos do setor privado. A segunda central, a *Domei* (Confederação Japonesa do Trabalho) inscreve-se numa linha que preconiza um socialismo "moderado" e professa um sindicalismo fundado num sistema de participação dos trabalhadores na gestão da empresa. Contrariamente à *Sohyo*, a *Domei* caracteriza-se por uma população constituída em 90% por trabalhadores do setor privado e que no setor privado ultrapassa a *Sohyo* em número de sindicalizados. A audiência total da *Domei* representa 17,5%. A *Churitsu Roren* (Federação dos Sindicatos Independentes do Japão) reúne 11,5% do conjunto dos trabalhadores sindicalizados e apresenta uma neutralidade no plano ideológico, como indica seu nome: *Churitsu* (neutro). Assim, essa confederação mantém-se afastada do conflito ideológico que opõe a *Sohyo* e a *Domei*. Enfim, a *Shinsanbetsu* (Federação Nacional das Organizações Profissionais), com 0,5% de filiados, é constituída por quatro federações industriais e caracteriza-se por posições anticomunistas.

4. *As negociações coletivas* — As negociações relativas aos salários são realizadas, em geral, no quadro da "Ofensiva da primavera" (*Shunto*) que ocorre na primavera de cada ano entre os meses de março e maio. É o momento propício para as negociações salariais, já que o novo exercício fiscal e o ano acadêmico estão começando, e os salários são corrigidos no mês de abril. Trata-se de uma ação sindical unificada em escala nacional no quadro de um ramo industrial, sob a direção das centrais sindicais, com o objetivo de defender e reforçar as posições a serem adotadas por ocasião das negociações com o patronato. Essa frente comum permite sincronizar as reivindicações e as eventuais greves, remediando desse modo a fraqueza do sindicato de empresa. Assim, constata-se que entre 60 e 70% dos conflitos trabalhistas se concentram nos meses de abril e maio. A "Ofensiva da primavera" foi instituída desde 1954, e 80% dos sindicalizados dela participam.

As negociações salariais da primavera começam na indústria siderúrgica. Depois da dura greve de 1957 nesse setor, uma nova fórmula de negociações salariais foi estabelecida; segundo esta fórmula o patronato só dá uma resposta às reivindicações apresentadas pelos sindicatos e não modifica, mesmo em caso de greve, sua posição. Esse tipo de negociação é praticado por cerca de 10% das empresas do conjunto dos setores. Consciente de sua importância no plano da economia nacional, o patronato siderúrgico, ao mesmo tempo em que procura determinar um nível mínimo que permita satisfazer os trabalhadores desse ramo profissional, leva em conta as eventuais repercussões que a nova taxa de aumento poderia ter sobre o conjunto da indústria. A taxa de aumento dos salários praticada na indústria siderúrgica serve, portanto, de índice de base e ajuda a determinar o dos outros setores industriais, das pequenas e médias empresas e mesmo do setor público.

A nível de empresa, as negociações prosseguem diretamente entre os representantes do sindicato da empresa e a direção. Apesar de as duas partes envolvidas nas negociações se referirem à taxa média de aumento determinada no quadro da "Ofensiva da primavera", a situação específica da empresa, notadamente os imperativos de rentabilidade, condiciona o nível de aumento dos salários que será concedido. E isso pode criar diferenças bastante significativas entre empresas de um mesmo ramo, de um lado, e entre os diversos setores, de outro.

5. *A consulta paritária (Roshi Kyogikaï)* — O sistema de consulta paritária entre o sindicato e a direção é uma forma de participação dos assalariados na gestão a nível da empresa. Trata-se de um organismo que não tem existência jurídica e que é criado em geral a partir de proposta da direção para reforçar a comunicação e a cooperação em matéria de gestão entre o sindicato e a direção. Segundo a pesquisa efetuada em 1978 pelo Ministério do Trabalho, a consulta paritária existe em 70,8% das empresas de todos os portes, atingindo 82,3% dos trabalhadores. Ela é praticada na quase totalidade (92,6%) das grandes empresas com mais de 5.000 pessoas, bem como em mais da metade (54,7%) das pequenas e médias empresas com um efetivo entre 100 e 299 assalariados.

As questões abordadas no quadro dessa consulta paritária se referem a cinco temas principais[21]; a gestão geral (política de gestão, etc.), a produção (plano de produção e de investimento, racionalização, etc.), o pessoal (recrutamento, mudanças, critérios de avaliação, etc.), o social (proteção social, higiene e segurança, relações com as coletividades locais, etc.), e a gestão social (sistema de remuneração, duração do trabalho, férias, aposentadoria, resultados das reclamações, regulamento interno, etc.). Segundo o estudo realizado em 1976, os problemas relacionados com a gestão geral da empresa são simplesmente expostos pela direção aos representantes sindicais (69,1%), quando esse tema se torna objeto de uma consulta paritária. O mesmo ocorre no que diz respeito à produção (53,8%). Nestes dois temas, a direção se reserva o direito de tomar a decisão, no caso em que as partes não cheguem a um acordo. Em 2% dos casos, o acordo do sindicato é necessário para a tomada de decisão sobre a política de gestão. Em compensação, as orientações no tema da gestão social e das condições de trabalho são decididas de comum acordo na maioria dos casos (68,4%). Sobre os pontos que dizem respeito ao pessoal, em 28,5% das empresas, a direção limita-se a uma simples informação, e, em 29%, acolhe a opinião dos sindicatos. Em 13,9% dos casos, o acordo do sindicato é necessário. Quando o sindicato e a direção não chegam a um acordo sobre um problema que é o objeto da consulta, a maioria das empresas (72,6%) retoma a discussão após um período de reflexão, enquanto apenas em 11,9% das empresas a proposta em questão é aplicada sob a responsabilidade da direção.

Percebe-se, portanto, que as decisões em matéria de gestão do pessoal e de condições de trabalho são tomadas na grande maioria dos casos (88,9%) de comum acordo, instituindo desse modo o consenso na empresa. A consulta paritária também pode servir como quadro para as discussões preliminares nas negociações coletivas. Neste caso (38,4%), a distinção entre consulta e negociação não é muito clara. Esses dois processos são até confundidos em 24,5% das sociedades, uma vez que as negociações coletivas se realizam

---

21. Centro Japonês da Produtividade, "A consulta paritária no Japão: sua realidade e seus problemas" (em japonês), 1976.

ao mesmo tempo que a consulta. No plano industrial, um sistema idêntico de consulta entre sindicatos e patronato foi colocado em prática em quatorze setores da indústria, em particular, nas indústrias têxteis, de cimento, siderúrgica e metalúrgica, de equipamento elétrico, automobilística. A nível nacional, a *Sanrokon* (Conferência Tripartida da Indústria e do Trabalho) assegura, desde 1970, acordos entre os sindicatos, o patronato e o governo com o objetivo de criar o melhor consenso possível em matéria de política industrial e social. Num plano menos oficial, o Congresso Nacional da Sociedade e da Economia (*Shakaï Keïzaï Kokumin Kaïgi*) constitui um local de encontro e de reflexão para os dirigentes sindicais, patronais e especialistas, e elabora recomendações dirigidas a diversos parceiros sociais, sobre diferentes aspectos das relações do trabalho.

6. *O lugar dos sindicatos na empresa* — Na empresa japonesa, o operário e o empregado são em primeiro lugar assalariados e só em seguida, sindicalizados. Como assalariados, eles se identificam com o objetivo fundamental da empresa, ou seja, com sua sobrevivência e sua prosperidade a longo prazo. Assim, o interesse pessoal do assalariado e o interesse geral da empresa não são considerados como mutuamente exclusivos. Tais concepções são amplamente compartilhadas pelos assalariados na medida em que os dirigentes dão prova de sinceridade através de seus atos. Essa confiança mútua, resultado de numerosos anos de negociações salariais e de consultas paritárias, está na origem da convicção da maioria dos trabalhadores japoneses de que a segurança do emprego e a melhora das condições de trabalho só são obtidas através do desenvolvimento da competitividade da empresa.

Nessas condições, pode-se afirmar que os sindicatos dos trabalhadores no Japão são bem integrados na empresa. O fato de que 16,2% dos dirigentes das grandes empresas sejam oriundos dos sindicatos ilustra este ponto de vista[22]. Uma pesquisa revela que 98% dos sindicatos de empresa defendem ou não se opõem às atividades de pequenos gru-

---

22. Pesquisa realizada em 1981 pela *Nikheiren* (Federação Japonesa das Associações dos Empregadores) com 6.121 membros do conselho de administração das 313 principais empresas de todos os setores.

pos, tais como o círculo de qualidade, e que 74% aprovam a introdução dos robôs industriais e sistemas de burocracia[23].

Considerando-se essa relação entre o sindicato e a direção, parece normal que o objeto e a razão de ser do sindicato sejam postos em questão pelos trabalhadores. Com efeito, a taxa estimada de sindicalização não parou de cair durante os sete últimos anos. Desde 1975, caiu de 34,4% para 30,5% em 1982, segundo o Ministério do Trabalho. Desde 1978, o número de dissoluções voluntárias de sindicatos é superior ao de novas constituições. Prevê-se um reforço dessa tendência. As quatro centrais nacionais reagiram a essa situação crítica. Elas estudam muito seriamente o projeto de uma reunificação numa única central sindical nacional.

O que aparece como um enfraquecimento do sindicato japonês não é, de fato, senão o resultado de uma manifestação da vontade do patronato de não se deixar distanciar pelo sindicato e às vezes até de superá-lo em suas reivindicações. Um exemplo que podemos citar a respeito é a participação do sindicato no andamento da empresa no quadro da consulta paritária. Deve-se lembrar que esse sistema consultivo é puramente facultativo e que ele se difundiu sem nenhuma intervenção dos poderes públicos. Por outro lado, todos os dirigentes de empresa japoneses hostis à organização sindical e que teriam tendência a considerar o pessoal como um simples fator de produção, cujo custo deve ser mantido no nível mais baixo possível, com freqüência foram vítimas mais ou menos graves de conflitos do trabalho. Isso acontece notadamente nas pequenas e médias empresas, cujos patrões tendem a maximizar seu próprio lucro e onde a taxa de sindicalização é de apenas 3%. Um conflito que ocorre nessas condições pode ser violento, constatando-se às vezes o recurso à força física e o seqüestro de dirigentes pelo sindicato. O ditado "o dirigente de empresa tem o sindicato que merece" também é válido no Japão.

---

23. Pesquisa realizada pelo Instituto Japonês do Trabalho em 1982 entre 700 dirigentes sindicais das empresas que comportam mais de 100 sindicalizados.

VIII. Perspectivas do sistema de gestão do pessoal

Uma mudança dramática do ambiente dos negócios provocou extensas discussões sobre a evolução possível das características da gestão empresarial japonesa. A tendência dos patrões a encorajar a aposentadoria antecipada, as reduzidas possibilidades de promoção, a supressão do aumento quase automático das remunerações dos empregados a partir de uma certa idade e outras medidas tomadas pelas empresas japonesas depois da primeira crise do petróleo parecem estar modificando os próprios fundamentos do sistema tradicional de gestão. Através de diversos estudos, surgiu um consenso mais ou menos sólido. Esse consenso é que as características da administração japonesa não serão fundamentalmente modificadas, pelo menos no curso do próximo decênio.

Uma das pesquisas, cujos resultados foram publicados no número de 27 de março de 1978 do *Nihon Keizai Shimbun*, mostra que 82% dos 181 dirigentes de negócios, 79% dos 169 representantes dos sindicatos de grandes empresas, e 68% dos 106 universitários acreditam que o emprego por toda a vida deve continuar a existir. À pergunta: "Você acha que o emprego por toda a vida como sistema sofrerá uma transformação importante daqui a 1990?", 78%, 69% e 58%, respectivamente, responderam que não.

Duas conclusões podem ser tiradas depois da análise desses diversos estudos. Em primeiro lugar, o emprego por toda a vida continuará a ser vantajoso tanto para as empresas quanto para os empregados durante os próximos anos. Do ponto de vista dos empregados, a estabilidade no emprego é uma necessidade psicológica fundamental.

De sua parte, o patronato pode contar com a identificação dos empregados com o interesse e o andamento da empresa, se o emprego por toda a vida lhes for garantido. Além disso, as empresas estão em condições de realizar importante economia em termos de custos de recrutamento e formação, quando a rotatividade do pessoal é pequena, como é o caso no Japão. Enfim, introduzem-se mais facilmente inovações tecnológicas na fábrica, pois os operários sabem que não serão demitidos em conseqüência dessa racionalização. Mesmo que as empresas tentassem suprimir o emprego por toda a vida, isso seria extremamente difícil, uma vez que os empregados consideram esse benefício um direito adquirido.

A segunda conclusão é que haverá sem dúvida um processo de adaptação que modificará o tradicional sistema japonês de gestão para enfrentar um ambiente de negócios cada vez mais difícil. Já está em curso uma importante adaptação em matéria de promoção e de remuneração que será progressivamente baseada no mérito ou no desempenho individual em vez de ser fundamentada no tempo de serviço. Mesmo que essa tendência continue, o fator tempo de serviço permanecerá como um fundamento das relações de trabalho, enquanto o emprego por toda a vida e as mentalidades japonesas subsistirem. As "mentalidades", nesse contexto, são definidas mais especificamente como uma aversão geral dos japoneses em concorrer diretamente com seus colegas de trabalho, concorrência que resulta em geral numa instabilidade psicológica dos indivíduos bem como numa disfunção das atividades organizacionais provocada pela diminuição da coesão dos membros da organização. Certamente, os japoneses estão mudando. Tornam-se cada vez mais individualistas e se interessam mais por sua vida particular do que pela vida na empresa, como mostram certos estudos[24]. Os japoneses não podem escapar à tese de Erich Fromm que considera a história da humanidade um processo de individualização e de liberdade crescentes[25]. Mas essa evolução será de longuíssima duração e com certeza não acontecerá num futuro próximo.

---

24. Shinichi Takezawa, "Evolution des mentalités ouvrières et nouvelles politiques patronales dans l'industrie japonaise", *Travail et Société*, abril de 1979.

25. Erich Fromm, *Escape from Freedom*, Nova York, Avon Library, 1965, p. 47.

CAPÍTULO II

A gestão dos recursos materiais

I. Pesquisa e desenvolvimento

1. *O nível tecnológico japonês* — É bastante difícil definir de uma maneira objetiva e quantitativa o nível tecnológico de um país em relação aos outros.

Uma forma de avaliar o nível tecnológico japonês é analisar as avaliações pessoais dos especialistas japoneses sobre esta questão. A Techno-economics Society realizou em 1982 uma importante pesquisa a pedido do Instituto da Tecnologia e da Ciência, organismo ligado ao Ministério da Indústria. O objetivo era determinar a posição relativa das tecnologias japonesas em relação à Europa e aos Estados Unidos.

a) Em relação à Europa, o Japão encontra-se em igualdade em 73 tecnologias-chaves, é superior em 63 e inferior em 30, segundo a estimativa dos especialistas japoneses. Em relação aos Estados Unidos, a situação parece mais desfavorável: em 72 postos tecnológicos, os japoneses consideram-se atrasados e em 112 em igualdade ou superiores.

b) No campo da tecnologia de produção os japoneses consideram que estão adiantados em relação à Europa, e, num grau menor, em relação aos Estados Unidos.

c) Em compensação, segundo essa pesquisa, os japoneses são muito menos atuantes na inovação dos produtos. Com efeito, ela estima que o Japão estaria menos avançado do que os Estados Unidos em 19 entre 23 produtos para os quais a concepção técnica tem uma importância primordial, como os robôs industriais para a montagem, os computadores de grande porte, os circuitos integrados, os lasers, etc.

2. *A orientação para a pesquisa aplicada e o desenvolvimento* — Sabe-se bem que os japoneses não são muito competentes quando se trata de fazer uma descoberta fundamental ou realizar uma inovação de primeira importância. Aliás, os próprios japoneses reconhecem este fato. Até 1980, o Japão só contava com três ganhadores do prê-

mio Nobel de ciências, enquanto a França contava com 22, a Alemanha Federal e a República Democrática da Alemanha com 49, a Grã-Bretanha com 61 e os Estados Unidos com 121. Segundo um estudo do *National Science Bureau* (Estados Unidos), apenas 7,7% das inovações realizadas pelos japoneses são "revolucionárias", enquanto 23% o são para a França e 55,6% para a Grã-Bretanha.

Com efeito, em 1979 as empresas japonesas só aplicaram 4,6% de seu orçamento P. e D*. para a pesquisa de base, contra 19,5% para a pesquisa aplicada e 75,9% para o desenvolvimento, segundo números comunicados pelos Serviços do primeiro-ministro. Além disso, o montante destinado à pesquisa de base vem diminuindo constantemente desde 1965, quando 11,2% das despesas totais P. e D. destinavam-se a ela. Pode-se, portanto, dizer que o esforço da indústria japonesa em P. e D. está orientado essencialmente para a pesquisa aplicada e para o desenvolvimento.

Com relação às invenções e inovações fundamentais, em geral objeto de grande popularidade chegando mesmo a ser glorificadas, tem-se a impressão de que as tecnologias de aplicação e de desenvolvimento são injustamente desprezadas. Sabe-se, entretanto, que essa fase de elaboração industrial de um produto também é importante, se não for mais do que a própria descoberta, na medida em que ela vai determinar o sucesso comercial da empresa. A inovação comporta fatores de probabilidade e de coincidência, mas a industrialização é um campo em que a eficácia e a programação desempenham um papel essencial. Com freqüência, são justamente estas últimas que exigem tempo e impõem despesas muito mais importantes do que a concepção de uma nova tecnologia. Assim, um estudo americano mostra que o custo total de um novo produto divide-se da seguinte maneira: 5 a 10% em P. e D., 10 a 20% em engenharia e concepção do produto, 40 a 60% em equipamento e preparação da fabricação, 5 a 15% na fabricação e, enfim, 10 a 25% em marketing[1].

---

* Pesquisa e desenvolvimento. (N.T.)

1. Relatório Charpie, citado em Marc Dupuis, "La capacité innovatrice des entreprises japonaises", *in Le Japon dans la crise*, École des Hautes Études pratiques, 1979.

3. *Melhoria rápida do nível tecnológico* — É verdade que o Japão registra ainda um déficit em sua balança tecnológica. Em 1979, a taxa de garantia em valor (venda/compra × 100) foi de 55,2, segundo as estatísicas dos Serviços do primeiro-ministro, e de 27,1 segundo os números do Banco do Japão. Essa diferença entre os dois números se explica pelo emprego de diferentes métodos estatísticos. No caso, os dados dos Serviços do primeiro-ministro são muito mais pertinentes, pois dizem respeito às transferências de tecnologia no sentido estrito do termo. Assim, não estão incluídos nessas estatísticas os encargos pagos pelas empresas japonesas, no que concerne, por exemplo, à utilização das marcas de roupas e acessórios. A pesquisa dos Serviços do primeiro-ministro não leva em conta nem as empresas de comércio varejista, nem as prestações de serviço.

A análise da balança do intercâmbio tecnológico revela que o Japão tem um déficit em relação aos Estados Unidos e à Europa Ocidental e que esse déficit é coberto em grande parte pelo excedente realizado com os países do Sudeste asiático. Deve-se assinalar que essas estatísticas se referem a todos os contratos de transferência tecnológica, passados anteriormente, para os quais o pagamento e a receita de encargos se distribuem por vários anos. Outra forma de exa-

Quadro 8 — **Trocas tecnológicas japonesas por setor geográfico (1984)** (%)

	Importação	Exportação
Estados Unidos	68,9	25,9
Europa Ocidental	30,8	14,7
Sub-total	99,7	40,6
Sudeste da Ásia		40,5
Outras regiões	0,3	18,9
Sub-total	0,3	59,4
Total	100,0	100,0

Fonte: "Livro branco sobre as ciências e as tecnologias" (em japonês), Agência das Ciências e das Tecnologias, Tóquio, 1986.

minar a balança tecnológica é levar em conta apenas novos contratos realizados a cada ano. Sobre essas bases, desde 1972 o Japão registra um excedente que aumenta progressivamente, até atingir uma taxa de garantia positiva de 270 em 1980. Não é impossível que, dentro de alguns anos, o país tenha uma balança tecnológica excedente para todos os contratos acumulados.

4. *A capacidade inovadora das empresas japonesas* — Com muita freqüência, nos questionamos a respeito da capacidade inovadora das empresas japonesas. É um assunto que preocupa os próprios japoneses e que vem gerando numerosos debates. A seguir, algumas linhas gerais que puderam ser definidas sobre este ponto no curso dos últimos anos no Japão:

A) Fator cultural — Segundo o dr. Esaki, pesquisador japonês e prêmio Nobel de física, a sociedade e a empresa japonesas não favorecem o desenvolvimento da capacidade inovadora, uma vez que, de tanto acentuar o conformismo e o consenso, elas não valorizam o indivíduo e sua originalidade. Outras pessoas consideram que os japoneses não são dotados em conceitualização e em capacidade de análise, qualidades indispensáveis para se chegar às inovações fundamentais. Esse ponto de vista, muito difundido, aliás, no Ocidente, é cada vez mais contestado no Japão: até agora, os japoneses não tiveram necessidade de demonstrar sua capacidade de inovação pois as tecnologias ocidentais, relativamente avançadas, sempre estiveram disponíveis. Foi, portanto, mais fácil, menos arriscado e menos dispendioso para a empresa japonesa comprar tecnologias ocidentais já testadas do que se aventurar ela mesma na pesquisa e no desenvolvimento. Assim, esse tipo de comportamento puramente econômico não deveria fazer com que se colocasse em dúvida a capacidade inovadora dos japoneses. Outro ponto de vista surgido recentemente no Japão afirma que a mentalidade japonesa, orientada essencialmente para o grupo e o trabalho em equipe, seria antes um fator favorável à capacidade de inovação, pois a complexidade tecnológica exigiria um número cada vez mais elevado de atividades pluridisciplinares para as quais a cooperação, a comunicação e a coordenação entre os pesquisadores de diversas disciplinas se tornam um elemento inteiramente fundamental.

B) Fator econômico — Outra explicação muito comum no Japão a respeito da falta relativa de invenções e de inovações japonesas é que as empresas do país buscariam antes de tudo tecnologias comercializáveis a curto ou a médio prazo. Segundo outras teses, essa explicação já não é válida, pois, agora as empresas que quiserem garantir um verdadeiro avanço sobre os concorrentes são obrigadas a alcançar bem cedo um programa de pesquisa. Além disso, ao que tudo indica, a defasagem tecnológica que existia entre o Japão e o Ocidente, em favor do Ocidente, está desaparecendo rapidamente. As empresas ocidentais detentoras de tecnologias de ponta têm agora muito cuidado para não revelá-las ou cedê-las em forma de licenças. Nessas condições, os japoneses sabem que de agora em diante eles só podem contar consigo mesmos para criar novas tecnologias. Pela primeira vez na história do Japão do pós-guerra, as empresas se encontram na obrigação de inovar. Por isso os dirigentes japoneses dão hoje a máxima prioridade à pesquisa e ao desenvolvimento.

5. *Gestão da pesquisa e do desenvolvimento* — A) O empenho pessoal do dirigente de empresa — A pesquisa e o desenvolvimento tornam-se cada vez mais um caso pessoal do dirigente de empresa, considerando-se os riscos que se correm e a mobilização de vultosos recursos. Por trás da empresa que soube assegurar para si um avanço tecnológico encontramos quase sempre o dirigente que teve a coragem de se empenhar para ir em frente apesar de uma grande incerteza.

B) O respeito pelas necessidades do mercado — A idéia de elaborar o estudo da pesquisa e desenvolvimento em função direta das necessidades do mercado transformou-se em princípio fundamental nas empresas atuantes. Para assegurar a coordenação mais eficaz possível entre o laboratório e o mercado, um número crescente de empresas instalou um sistema de interpenetração entre os pesquisadores e os setores de venda.

C) Pluridisciplinaridade dos pesquisadores — Tendo em mente enfrentar as exigências cada vez mais complexas da pesquisa e do desenvolvimento, um grande número de empresas acentua as qualidades pluridisciplinares de seus engenheiros de estudo e de desenvolvimento. A política da Matsushita Electric a esse respeito baseia-se no fato de que

70 a 80% de seu efetivo em P. e D. seja composto de pesquisadores pluridisciplinares competentes em pelo menos três disciplinas científicas, e de 20 a 30% apenas especializados numa única especialidade técnica. A transição entre o laboratório e a fábrica é facilitada para garantir um processo de aperfeiçoamento mais eficaz. Matsushita Electric organiza com essa finalidade um intercâmbio regular de engenheiros e de técnicos entre seus laboratórios e suas diversas unidades de produção.

D) Responsabilidade de P. e D — Um certo número de empresas "responsabiliza" seu laboratório de pesquisa e desenvolvimento, em particular em matéria de orçamento, a fim de sensibilizá-los quanto aos problemas de custo e de rentabilidade. Considera-se que o laboratório central da Hitachi obtém 80% do seu orçamento anual a partir das receitas fictícias calculadas na base de 3 a 5% do custo dos projetos de pesquisa e de desenvolvimento que ele executa a pedido das divisões do grupo. Os 20% restantes correm por conta do grupo.

E) Transferência de tecnologias no seio da empresa — A maioria das grandes empresas japonesas está organizada segundo o princípio de "divisionalização" (*Jigyobusei*): cada departamento da empresa é constituído a partir de um grupo de produtos ou de mercados. Sabe-se que um dos maiores inconvenientes desse tipo de organização é a falta de comunicação è de coordenação entre os diversos departamentos e divisões, que operam de maneira autônoma. Isso pode levar ao desdobramento do esforço de pesquisa ou de investimento em equipamentos. Para evitar tal disfunção e realizar uma melhor sinergia, a Sociedade Kubota, muito diversificada, com vinte divisões, constituiu um comitê interno de transferência de tecnologias. Os representantes dos laboratórios de todas as divisões encontram-se regularmente para apresentar os projetos que cada um vem desenvolvendo ou está examinando, e para trocar idéias e informações técnicas.

F) Relações universidade-empresa — Além de tudo isso, as empresas japonesas cultivam relações muito estreitas com os professores das universidades. Com certa freqüência, estes são conselheiros técnicos dos laboratórios de pesquisa que pertencem às empresas. Periodicamente eles reúnem seus ex-alunos para um encontro amigável. Tais reuniões são excelentes oportunidades para os engenheiros e pesquisadores — que ocupam funções diferentes nos diversos ramos industriais — discutirem, se informarem e trocarem idéias no plano profissional sem que ocorra divulgação de segredos.

6. *Papel do governo na pesquisa e no desenvolvimento* — Contrariamente ao que parece um lugar-comum no Ocidente, a parte do financiamento que os poderes públicos japoneses cobrem nas despesas globais a nível nacional em P. e D. é a menos elevada dos países industrializados[2]. Isso se deve em parte ao fato de que os gastos em P. e D. efetuados com finalidades militares são muito menores do que nos outros países. Para dizer de outro modo, a indústria japonesa preocupa-se quase unicamente com a pesquisa e o desenvolvimento com finalidades civis. Às vezes, esse fato explica os progressos tecnológicos da indústria japonesa nos mercados voltados ao grande público e nos mercados industriais não-militares.

Se o governo japonês está menos diretamente implicado do que seus homólogos ocidentais na pesquisa e no desenvolvimento, seu papel de motivação, no entanto, também é importante. Em termos absolutos, os subsídios do Estado em P. e D. alcançavam, em 1980, 617 bilhões de ienes (15,4 bilhões de francos), o que representa um aumento de 23,5% em relação a 1979. Há cerca de 24 importantes programas de auxílios governamentais destinados às empresas privadas. Evidentemente, o MITI exerce uma influência preponderante sobre o desenvolvimento da pesquisa industrial. O caso do projeto de desenvolvimento dos circuitos integrados de alta densidade pode ser citado como exemplo. O MITI e cinco empresas desse ramo constituíram um grupo de pesquisa que se beneficiou de uma dotação de 600 milhões de ienes, financiado em partes iguais pelo MITI e pelas empresas industriais.

Os outros grandes projetos em curso dizem respeito às inovações tecnológicas da próxima geração nos três campos considerados como de importância estratégica primor-

---

2. Segundo as estatísticas internacionais da OCDE, a participação dos poderes públicos no financiamento total do P. e D., sem contar o financiamento militar: Japão 27, 2% (1979), França 42,1% (1977), RFA 37,2% (1977), Estados Unidos 35,5% (1978).

dial: novos materiais (cerâmica fina, materiais compósitos, etc.), biotecnologia (manipulação genética, bio-reator industrial, etc.) e novos elementos semicondutores (elementos a gradil, elementos tridimensionais, etc.). Além disso, os grandes projetos nacionais foram lançados em 1966 com o objetivo de facilitar a pesquisa industrial nas novas tecnologias que comportavam grandes riscos e cujo financiamento não podia ser assegurado pelas empresas. Em 1981, um orçamento total de 16,8 bilhões de ienes (37 bilhões de francos) financiou oito projetos relacionados a reatores de avião, um sistema de torneamento por gás a laser, o processo de exploração dos nódulos, etc.

Outras formas de estímulo. *No plano fiscal*: a isenção de impostos, equivalente a 20% dos aumentos de gastos em P. e D.; a dedução de impostos igual a 18% das receitas de exportação das propriedades industriais e do *know-how*. *No plano financeiro*: empréstimos a baixas taxas de juros concedidos para o desenvolvimento de novas tecnologias ou para a fabricação de protótipos e comercialização de novos produtos. Os empréstimos são concedidos até 50% do custo total do empreendimento. As PMI* podem beneficiar-se de empréstimos especiais para a comercialização das novas tecnologias que cobrem, conforme os casos, três quartos, a metade ou um terço das despesas totais. *No plano técnico*: pesquisa e desenvolvimento com contrato firmado com o governo, bolsa de licenças tecnológicas, etc.

II. Gestão da qualidade

1. *Histórico* — Durante muito tempo, até logo depois da Segunda Guerra Mundial, os produtos japoneses tinham a reputação de ser de má qualidade e às vezes até eram qualificados de "bugigangas". A empresa japonesa viu-se, portanto, obrigada a melhorar a qualidade de seus produtos para se tornar competitiva nos mercados internacionais e para assegurar sua sobrevivência econômica. Os especialistas americanos desempenharam um papel determinante nesse processo

* Pequenas e médias indústrias.

de sensibilizar os japoneses para a importância do controle de qualidade e os diferentes métodos existentes. Em 1952, o dr. W. E. Deming manteve uma série de conferências sobre os métodos estatísticos utilizados no controle de qualidade. Em 1954, o dr. J. M. Juran defendeu uma concepção "total" do controle de qualidade, que consistia em mobilizar o conjunto do pessoal e da direção para melhorar a qualidade. No ano de 1951 criou-se o prêmio Deming, a maior e mais prestigiosa recompensa atribuída às empresas que tivessem atuações excepcionais no campo da qualidade.

Contrariamente aos Estados Unidos e à Europa, onde a produção em série começou nos anos 20 e 30, o Japão conheceu um desenvolvimento espetacular da produção em grande escala nos anos 60. A indústria japonesa, então, confrontou-se ao mesmo tempo com dois problemas: a penúria de mão-de-obra e a sensação de frustração que os operários sentiam em relação ao trabalho repetitivo e monótono. A falta de motivação, o desinteresse, o aumento do absentismo e do *turnover* do pessoal tornaram-se alarmantes. Essa situação grassava sobretudo nas indústrias automobilística e elétrica, onde o trabalho em série era fundamental.

As empresas japonesas reagiram de duas maneiras: o aumento da automatização e a rotatividade dos operários em diversas funções. A primeira medida foi acolhida favoravelmente pelo pessoal, que pôde então se dedicar a tarefas mais interessantes e estimulantes. Essas transformações contribuíram inclusive para o desenvolvimento da indústria dos robôs e dos automatismos. (A solução européia para o problema revelou-se de todo diferente, na medida em que se optou pelo uso de mão-de-obra imigrada.) A rotatividade do pessoal por diferentes postos permitiu a formação de operários polivalentes. Por isso, a flexibilidade na organização do trabalho aumentou e se efetuou um melhor desdobramento das forças produtivas nas fábricas. Por fim, a terceira abordagem orientou-se para o desenvolvimento de atividades em pequenos grupos, entre os quais o círculo de qualidade é a forma mais difundida.

2. *O controle de qualidade "total"* — É importante assinalar que as atividades do círculo de qualidade (CQ) são apenas um elemento, se bem que primordial, do conjunto de um processo que se denomina "controle de qualidade total"

(CQT). Mais precisamente, o CQ é um meio para realizar o CQT. A filosofia do CQT resume-se da seguinte maneira:

A) Uma concepção ampla da qualidade — A qualidade, segundo o CQT, é muito mais do que uma simples conformidade às normas e especificações técnicas do produto, pois essas últimas são objeto de melhoras constantes no quadro das atividades CQT. A qualidade é definida segundo o CQT como o estado do produto que satisfaz inteiramente aos consumidores e aos usuários. Por conseguinte, a qualidade já começa no nível da concepção técnica de um novo produto, e não apenas no recinto de fabricação.

B) A iniciativa proveniente da direção — Considerando-se que o CQT é a expressão do esforço de toda a empresa, cabe ao próprio dirigente de empresa a primeira iniciativa e este deve estimular constantemente as diversas funções. Conseqüentemente, o CQT torna-se a preocupação de toda a hierarquia, desde a direção até os agentes de controle. Segundo o JUSE[3], 85% dos problemas de qualidade são resolvidos não pelos operários na fábrica, mas pela hierarquia e pessoas que ocupam funções distintas da própria produção. As atividades de círculos de qualidade na fábrica só resolvem 15% dos problemas.

C) A eliminação completa dos defeitos — O CQT rejeita a idéia tradicional que afirma que uma certa taxa de defeitos e restos seja admissível e tolerada. Segundo o CQT, apenas o nível zero é aceitável e este constitui o objetivo a ser atingido em todos os níveis funcionais e hierárquicos da empresa. Pois esses defeitos ou os restos se traduzem em termos de custo: custo de modificações a realizar, custo de mão-de-obra e de matérias-primas, custo do serviço após venda, etc.

D) A valorização do potencial humano — Os aspectos técnico-econômicos descritos até aqui só representam um aspecto do problema. O outro aspecto pelo menos tão importante, se não for mais, é o desenvolvimento das qualidades do pessoal em matéria de criatividade, de comando, de capacidade de comunicação e de espírito de equipe. No quadro das atividades do círculo de qualidade, os membros podem

3. JUSE: Japonese Union of Scientific Engineers, organismo privado com fins não-lucrativos que representou um papel essencial no desenvolvimento do CQT e do CQ no Japão.

exprimir-se livremente para identificar e resolver os problemas e para aplicar as soluções num clima de espontaneidade, independência e interdependência. Por intermédio do círculo de qualidade, o CQT pode permitir que o pessoal, nas melhores condições possíveis, satisfaça duas necessidades psíquicas fundamentais próprias ao homem: a autonomia e a pertença. Dizendo de outro modo, o CQ pode ser um meio para restabelecer uma certa harmonia entre o homem, de uma parte, e seu trabalho, assim como a organização desse trabalho, de outra. Muito provavelmente, a conjugação das duas finalidades — perseguição da melhor qualidade efetuando-se ao mesmo tempo que a realização do potencial humano — contribuiu para uma generalizada implantação do círculo de qualidade e, portanto, do controle de qualidade "total" no Japão.

3. *O círculo de qualidade* — Um círculo de qualidade é um pequeno grupo de 5 a 10 operários, empregados e quadros que trabalham na mesma fábrica e no mesmo escritório. O círculo de qualidade é constituído na maioria das vezes sob instigação da direção (42%)[4] ou da administração superior (15,5%). Os membros se reúnem uma ou duas vezes por mês (68,2%) durante as horas de trabalho (27,5%) ou fora das horas de trabalho regulares (34,2%) ou então de maneira alternada, durante um ou outro período. Por essa atividade são remunerados pela taxa normal das horas extras (37,9%), ou recebem um auxílio de formação (13,2%), ou ainda são indenizados de outras formas (15,0%). Em 27,9% dos círculos de qualidade não é versada nenhuma remuneração. Na maioria das vezes (64,5%), o animador é eleito entre os membros e em 22,2% dos CQ, ele é designado pela hierarquia. Os objetivos do CQ são a melhoria da motivação no trabalho (15,7%), a redução do custo e dos defeitos (12,2%) e, enfim, o aumento da eficácia no trabalho (11,7%). As atividades do CQ concentram-se no setor industrial (86,4%) mas se desenvolvem em outros setores, notadamente nos bancos, na distribuição e no setor de prestação de serviços, como o hoteleiro.

A) O funcionamento do CQ — No curso da primeira reunião do CQ, o animador é eleito, os principais objetivos são fixados, e a periodicidade, o horário das reuniões, assim co-

4. "A situação atual e as perspectivas das atividades de pequeno grupo" (em japonês), Sangyo Noritsu University, julho de 1981.

mo outras modalidades de funcionamento são decididas de comum acordo. O CQ determina em primeiro lugar os problemas concretos que parecem afetar a qualidade, o custo, o prazo e a produtividade. Os problemas são então objeto de uma classificação, sua freqüência medida e uma prioridade é atribuída a alguns problemas julgados os mais importantes.

Procede-se em seguida a um exame mais profundo dos problemas prioritários para determinar as circunstâncias nas quais as causas/efeitos possíveis aparecem. Durante a discussão, tratar-se-á de definir as causas mais determinantes ligadas aos problemas colocados. Em seguida, cada participante do círculo propõe sua própria solução que será analisada e as soluções que parecerem mais adaptadas serão aprovadas. Elas terão aplicação imediata e os resultados serão controlados, ponderados e transcritos na forma de gráficos e quadros. Quando uma solução é encontrada e aplicada, esta será integrada nas normas de produção. Esse processo cíclico reproduz-se para cada problema tratado.

B) Formação — Não apenas antes da constituição dos círculos de qualidade, mas também depois, organizam-se estágios de formação dirigidos aos membros dos CQ, aos responsáveis dos CQ, bem como à administração, para familiarizá-los com as técnicas fundamentais de tratamento dos problemas. São o diagrama de Pareto, o diagrama causas-efeitos ("espinha de peixe"), o histograma, a estratificação, o gráfico central, a lista de verificação e a curva de dispersão. Além disso, os estágios referem-se ao tipo de comportamento a ser adotado por um trabalho de equipe e à utilização de métodos de criatividade, de técnicas de apresentação, etc. Essas formações específicas são com certeza um dos elementos indispensáveis para o sucesso do CQ e consagram-se importantes meios para isso.

C) O "secretariado" — Ao mesmo tempo que o CQ, um *secretariado* é criado para assegurar as ações de formação e de informação visando a facilitar a partida para assistir e acompanhar as atividades do CQ durante todas as fases. Esse "secretariado" tem também como objetivo sensibilizar e interessar a administração quanto à necessidade do CQ. O "secretariado" aparece como um porta-voz da direção na medida em que se esforça em promover o CQ e em coordenar suas atividades com os objetivos da empresa.

D) Apresentação dos resultados — Os resultados obtidos são reunidos num relatório e apresentados numa reunião semestral ou anual realizada a nível de departamentos, de fábricas e da sociedade. Os círculos que obtêm os melhores resultados recebem prêmios que muitas vezes são acompanhados de somas em dinheiro num montante simbólico. Essa maneira de reconhecer e de recompensar o trabalho efetuado pelos CQ representou um papel essencial em seu desenvolvimento no Japão. O *JUSE* organiza esse mesmo tipo de reuniões no plano regional e nacional para estimular a competição e o intercâmbio de experiência entre as empresas.

E) Extensão do CQ às filiais e subcontratadas — Os grupos importantes encorajam suas filiais a introduzir o CQ a fim de que seu nível de qualidade e de produtividade seja comparável ao da matriz ou do fornecedor. Colocam à sua disposição sua experiência e competência em matéria de CQ e se encarregam também da formação. Do mesmo modo, grandes empresas prestam assistência a suas subcontratadas para a melhoria da qualidade.

F) A avaliação da experiência japonesa do CQ — Pode-se dizer, sem riscos de contestações, que o CQ contribuiu para elevar o nível geral da qualidade dos produtos japoneses, como o testemunham sua penetração e sua competitividade nos mercados internacionais. Segundo uma pesquisa efetuada em 1977 junto a 710 responsáveis e animadores de CQ[5], os resultados mais sensíveis foram registrados na melhoria da comunicação (55,9%), do ambiente das fábricas (49,2%) e da motivação no trabalho (47%). Em seguida, constata-se a diminuição dos erros (43,5%) e o aumento da produtividade. É interessante notar que, segundo esse estudo, os melhores resultados foram conseguidos em campos não técnicos. Pode-se, portanto, pensar que a garantia de qualidade facilita acima de tudo a melhoria das relações sociais e humanas.

5. "Para uma ativação das atividades de pequeno grupo" (em japonês), Centro de documentação, Congresso Nacional da Economia e da Sociedade, 1978.

III. A gestão de produção

1. *A polivalência* — Uma das características da gestão do pessoal nos setores de produção é o desenvolvimento da polivalência. Isso foi simplificado no Japão, pois as tarefas em seu conjunto são menos especializadas. A polivalência desenvolveu-se no Japão com o objetivo de proporcionar ao trabalho manual todo o seu interesse e sua significação profunda, melhorando a produtividade pela supressão do desdobramento das tarefas e pelo encadeamento melhor coordenado das diferentes operações.

2. *Fabricação interna das máquinas especiais* — Um dos princípios diretores em matéria de produção nas empresas japonesas consiste em desenvolver e em produzir elas mesmas as máquinas específicas e as instalações destinadas a responder às exigências particulares de suas fábricas. Isso acontece, sobretudo, na indústria de produção em grande série, tal como a automobilística, a de aparelhos elétricos ou eletrônicos, a de aparelhos fotográficos, etc. Tal abordagem foi provocada pela preocupação constante em enfrentar as inovações tecnológicas, as mudanças freqüentes de programas e a melhora incessante da qualidade e da produtividade. A concepção e a fabricação do material especial são em geral realizadas no seio de um departamento ou de uma filial. Com freqüência, estes devem garantir sua própria rentabilidade. Está na origem dessa responsabilização uma preocupação de acentuar a tomada de consciência do custo de desenvolvimento e de fabricação de um produto, elemento muitas vezes negligenciado nesse tipo de setor não diretamente confrontado com a concorrência.

3. *Mudança rápida de ferramenta* — O nível tecnológico da produção no Japão não seria o que é hoje se os operários fossem menos hábeis na utilização de seu equipamento. Há muito tempo, a operação de mudança de ferramentas era um ponto de estrangulamento no processo de produção com todas as conseqüências imagináveis sobre o nível dos estoques intermediários e sobre o ciclo de fabricação. Graças aos esforços dos operários foram alcançados importantes progressos a este respeito. Por sua experiência cotidiana sobre os equipamentos à sua disposição, somente os próprios operários poderiam conseguir alguma melho-

ra. O círculo de qualidade representou com certeza um grande papel. Assim, por exemplo, a Toyota reduziu o tempo de preparação das ferramentas em seus setores de prensagem de entre duas a três horas nos anos 50 para até três minutos em 1971.

4. *Renovação rápida do equipamento de produção* — Um princípio japonês que se tornou um verdadeiro reflexo parece ser o de não recuar diante de um investimento em equipamentos quando se trata de melhorar sensivelmente a qualidade e a produtividade. Tal comportamento resulta numa taxa bastante elevada de renovação do equipamento. Na YKK France, o equipamento de produção em sua fábrica em Seclin é substituído num ritmo de aproximadamente 25% ao ano, o que significa que ao cabo de quatro anos há uma renovação total de toda a maquinaria.

5. *A oficina flexível* — A "oficina flexível" é a técnica de produção mais recente. Seu objetivo essencial é a fabricação de peças em pequena e média quantidade, sem deixar de realizar uma produtividade comparável à da grande série. Trata-se no caso de uma solução que tem duas finalidades opostas: flexibilidade e produtividade. Em junho de 1982, haveria no mundo inteiro cerca de 220 sistemas FMS, dos quais 70 no Japão[6].

A oficina flexível é concebida num sistema integrado de produção composto dos seis elementos a seguir: *a*) máquinas-ferramentas de controle numérico com conversor automático de ferramenta; *b*) robôs industriais; *c*) transferência automática de peças; *d*) sistema de estocagem automático; *e*) sistema de manutenção e inspeção automático; *f*) unidade de controle central por computador. Teoricamente, uma tal fábrica é capaz de trabalhar de forma contínua (24 horas sobre 24) sem quase nenhuma presença humana. O computador central e os controles numéricos registram as instruções relativas aos programas de fabricação, as seqüências previstas, o tempo das operações, a duração de espera, a velocidade, a ferramenta e outras especificações relativas a cada operação. Uma vez que o sistema é lançado, a fabricação acontece nas melhores condições possíveis, sem intervenção humana. A oficina flexível é adaptada pa-

6. *Financial Times*, 16 de julho de 1982.

ra produzir grande variedade de produtos (5, 30 ou mesmo 100), para lotes que compreendem entre 10 e 100 peças.

6. *O sistema "Kanban"* — Trata-se de um método de organização segundo o qual os setores "primários" fabricam no momento desejado a quantidade exata de peças necessárias, calculada em função do planejamento do setor "final", normalmente o setor de montagem. "Kanban" significa "cartão" ou "etiqueta". O objetivo desse sistema é reduzir o ciclo de fabricação guardando apenas estoques intermediários e mínimos graças a uma sincronização tão precisa quanto possível entre, de um lado, a usinagem (efetuada na própria fábrica ou executada por terceiro) e, de outro, a montagem. Esse método permite uma compressão do fundo de dinheiro em circulação que, por sua vez, assegura uma melhor giro dos capitais investidos.

7. *A produção em pequenos lotes e com variedades mistas* — A recessão prolongada obrigou as empresas a fazerem encomendas cada vez mais reduzidas a fim de manter os estoques no mais restrito nível possível. A concorrência levou os fabricantes a cederem às exigências dos clientes em matéria de prazo e de uma escolha mais ampla na gama de produtos. As empresas responderam a esse problema produzindo em quantidades reduzidas ao mesmo tempo em que ampliaram o leque de produtos em *uma mesma linha*. A flexibilidade da produção foi consideravelmente desenvolvida, o que permite orientar-se cada vez mais para pequenas séries (10-100 peças por dia) e séries médias (100-1.000 peças por dia). Esse fenômeno tornou-se possível graças à revisão da concepção dos produtos e, sobretudo, à criação de máquinas especiais capazes de reconhecer as diversas variedades e assim efetuar com segurança a operação apropriada.

8. *A subcontratação* — O presidente da Sociedade Ford dos Estados Unidos, M. Peterson, declarou durante sua estada no Japão que a força da indústria japonesa proviria da confiabilidade de suas empresas subcontratadas[7]. Esse julgamento poderia ser válido também para outros ramos industriais. Há muito tempo, observadores estrangeiros opuseram de forma esquemática os "importantes mandatários" e as "pequenas subcontratadas servis e exploradas". Cada

7. *Nikkei Business*, 7 de março de 1982.

vez mais, percebemos que essa opinião exprime apenas uma parte da realidade. É bem verdade que essa teoria "dualista" continua válida na medida em que ainda há no Japão pequenas empresas marginais cuja razão de ser é regular a produção das grandes empresas. No entanto, isso não deveria ocultar a existência de subcontratadas cujas realizações são tão ou mesmo mais importantes que as de suas mandatárias. É bom não esquecer tampouco que uma grande empresa que explora suas subcontratadas até levá-las à falência é condenada no plano moral pela sociedade japonesa. Os dirigentes de empresa japoneses são bastante sensíveis à sua reputação. Além do mais, uma tal atitude por parte de uma grande empresa não cria certamente um clima de confiança e de cooperação com as subcontratadas, com todas as conseqüências que isso pode acarretar no que diz respeito à qualidade dos produtos finais.

A) Categorias de subcontratadas. — Distinguem-se, em geral, três tipos de empresas subcontratadas: do primeiro, segundo e terceiro nível. Vejamos um exemplo: um construtor de automóveis confia a fabricação das peças e componentes de um motor a 25 subcontratadas do primeiro nível; estas, por sua vez, recorrem a 912 subcontratadas do segundo nível; essas últimas têm sua própria rede de subcontratação, que conta na totalidade com 4 960 pequenas e médias empresas do terceiro nível. Assim, as subcontratadas do primeiro nível trabalham diretamente com os "mandatários". Elas constituem um núcleo no conjunto da rede de subcontratação criada pelo construtor de automóveis. Tais subcontratadas, assim como uma parte das subcontratadas do segundo nível, são empresas relativamente importantes e sólidas. Em compensação, um grande número de subcontratadas do terceiro nível são pequenas empresas familiares caracterizadas por bases financeiras precárias, por baixos custos salariais, uma produtividade reduzida, material vetusto e um pessoal idoso e pouco sindicalizado. Esta categoria de empresas é que primeiro sofre os incidentes da conjuntura.

Distingue-se também a subcontratação dita de *capacidade*, à qual uma empresa recorre para aproveitar a capacidade de produção de uma outra, devido a seus preços de custo e seus prazos mais interessantes, ou para manter uma verdadeira flexibilidade, evitando investimentos suplementares. A subcontratação de *especialidade*, ao contrário, é aquela à qual uma empresa "mandatária" confia a fabricação porque esta não pode rivalizar com ela em matéria de qualidade, de nível tecnológico ou de rentabilidade. Evidentemente, a subcontratada de "especialidade" é mais sólida e mais independente em relação a seus "mandatários". Em compensação, as subcontratadas de capacidade encontram-se numa situação precária, pois as empresas "mandatárias" podem retomar para si as atividades subcontratadas sempre que a conjuntura estiver desfavorável, aproveitando então sua própria capacidade de produção.

B) Relações mandatárias — subcontratadas — a) Cooperação. É entre as grandes empresas industriais e suas subcontratadas de primeiro nível que se verifica uma cooperação mais intensa. Muitas vezes, essas subcontratadas são filiadas a uma associação, cuja vocação é reforçar o diálogo e as relações de solidariedade através de encontros freqüentes. Apesar de economicamente independentes, essas subcontratadas estão assim, *de facto*, integradas na empresa. Esta consagra meios consideráveis para manter boas relações com elas através de ajudas financeiras, de conselhos sobre a produção ou sobre a gestão. Em contrapartida, as subcontratadas dão sua cooperação e se esforçam para corresponder o melhor possível às exigências de seu cliente no plano econômico e técnico.

b) Conflito. O aspecto de cooperação não deve fazer esquecer um segundo aspecto: o do conflito. Em primeiro lugar, a "mandatária" é para a subcontratada um concorrente em potencial, pois ela pode retomar, por diversas razões, uma parte ou a totalidade das atividades subcontratadas, de um lado para criar um certo espírito de competitividade e, de outro, por medida de segurança. Essa prática, aliás, não é especificamente japonesa mas se encontra também em outros países industrializados. Em certas indústrias do Japão, a empresa subcontratante pode mesmo impor de forma unilateral uma redução do preço de custo, e verificar e determinar os métodos de trabalho.

Na indústria automobilística, não raro o fabricante de automóveis visita as instalações de subcontratadas do terceiro nível (com um efetivo entre 20 e 30 pessoas) para modificar, de forma autoritária, os métodos de produção. Assim, a "mandatária" costuma ser dura em relação às subcontratadas: estas não vendem a ela; ela é que compra. Tal procedimento não deve nos levar a deduzir que se trata de uma verdadeira exploração. Claro, sem sombra de dúvida o prato da balança pende para as grandes empresas "mandatárias", mas seu comportamento em relação às subcontratadas se origina na luta impiedosa que elas mesmas são obrigadas a travar face à concorrência. Elas se vêem forçadas a fazer com que seus fornecedores sofram uma parte das conseqüências. As empresas consideram que só podem garantir a existência de suas subcontratadas se mantiverem sua própria competitividade; e isso só é possível não protegendo subcontratadas que não tenham capacidade de responder às exigências impostas pelo mercado.

C) Novas tendências — a) Estratégias do "mandatário". A crise econômica reduziu consideravelmente o crescimento dos mercados interno e externo. Assim as empresas japonesas passaram a concentrar cada vez mais seus esforços em melhorias tecnológicas, em vez de continuar a inflar o volume de produção. Em tais condições, as grandes empresas já não podem garantir com segurança a suas subcontratadas o nível de atividade que lhes garantiam anteriormente: num número crescente de setores industriais, as próprias "mandatárias" sofrem de uma subutilização de sua capacidade de produção. As inovações tecnológicas as levam a se lançar em terrenos tradicionalmente confiados à subcontratação, tais como o material de base, dos subconjuntos, etc. Enfim, o progresso técnico realizado na gestão e no material de produção (Oficina flexível) tende a favorecer a execução das encomendas junto ao próprio fabricante, em detrimento de suas subcontratadas.

Nessas circunstâncias, as grandes empresas encorajam suas subcontratadas a se tornarem independentes. Segundo uma pesquisa sobre a política de subcontratação, efetuada com onze fabricantes de automóveis, duas empresas (Nissan e Mitsubishi) dão prioridade à independência de suas subcontratadas, e quatro demonstram, de maneira menos afirmada, a mesma tendência[8].

8. *Nikkei Business*, 26 de janeiro de 1981.

b) Estratégias das subcontratadas. As subcontratadas já reagiram diante dessa evolução, iniciada há muito tempo, ou estão tratando de fazê-lo.

1) Especialização: a primeira estratégia consiste em concentrar os esforços num terreno tecnológico específico a fim de adquirir uma incontestável supremacia em relação à sua "mandatária" e a seus concorrentes. Essa é a estratégia fundamental das pequenas e médias empresas que não têm meios suficientes para realizar economias de escala.

2) Diversificação junto aos setores primários: essa estratégia visa desenvolver e comercializar produtos destinados diretamente ao mercado final. Este processo, claro, comporta muito mais riscos, porém proporciona a rentabilidade e a independência correspondentes.

3) Diversificação dos mercados: por essa estratégia, uma empresa subcontratada procura diversificar seus clientes, tanto no nível das atividades quanto no plano geográfico, a fim de deixar de ser demasiado dependente em relação a um ou a alguns "mandatários".

CAPÍTULO III

A gestão dos recursos financeiros

I. A especificidade da estrutura financeira das empresas japonesas

1. *O baixo nível dos fundos próprios* — A constatação mais notável que decorre da comparação desses dois balanços-modelo é a proporção dos fundos próprios claramente inferiores para as empresas japonesas comparativamente a seus homólogos franceses. Numa empresa-modelo japonesa, os fundos próprios representam apenas 13,7% do passivo total, enquanto o número correspondente para uma sociedade-modelo francesa chega a 29,7%. Com efeito, uma forte contração de dívida e, portanto, uma certa precariedade financeira caracterizam as empresas japonesas. O mundo dos negócios é, evidentemente, muito sensível a esse estado de coisas. Muito provavelmente esta é a razão pela qual a *ratio* fundos próprios/ativo total é um dos indicadores com mais freqüência utilizados pelos dirigentes e quadros japoneses.

2. *Má liquidez e desequilíbrio financeiro* — A insuficiência dos fundos próprios condiciona, naturalmente, os demais aspectos da estrutura financeira. Assim, a *ratio* de liquidez das sociedades japonesas é de 106,6 em relação a 124,4 para as empresas francesas. Esse indicador exprime a solvência a curto prazo de uma empresa, ou seja, a importância dos bens (valores conversíveis em espécie e disponíveis mais valores de exploração) a que ela pode recorrer para honrar seus compromissos a curto prazo. A comparação mostra que as empresas japonesas não dispõem praticamente de nenhuma margem de segurança. Outro teste do equilíbrio financeiro consiste em determinar em que medida os valores imobilizados (terrenos, equipamentos e instalações) estão cobertos por recursos estáveis (capitais permanentes = fundos próprios + endividamento a longo prazo). Ainda nesse aspec-

QUADRO 9 — **Comparação de balanços-modelo das empresas japonesas e francesas** (em porcentagem)

Situação	*Japão 1979*		*França 1978*	
Valores realizáveis e disponíveis		67,8		65,8
Disponibilidade (entre as quais cartas de crédito)	52,5 (39,0)		36,2 (25,7)	
Valores de exploração	15,3		29,7	
Valores imobilizados		32,2		34,2
Total		100,0		100,0
Dívidas a curto prazo		63,6		52,9
Empréstimos	37,1		21,9	
Créditos fornecedores	26,5		31,0	
Dívidas a longo prazo		22,7		17,4
Total das dívidas		86,3		70,3
Capital		13,7		29,7
Total		100,0		100,0
Ratio de liquidez (valores realizáveis e disponíveis/dívidas a curto prazo × 100)	106,6		124,4	
Valores imobilizados/(capital + dívidas a longo prazo) × 100	88,5		72,6	

Fontes: Banco do Japão segundo os dados estatísticos da OCDE, estatísticas financeiras Quadro I-21: Empresas não-financeiras.

N.B. — (1) É difícil estabelecer uma comparação entre as estatísticas japonesas e francesas, notadamente devido às diferenças em termos de amostragem.

(2) As estatísticas para as empresas não são comparáveis com as do Ministério das Finanças citadas nas páginas a seguir, em razão de diferenças nas definições.

to, as empresas japonesas estão sensivelmente mal colocadas com um índice de 88,5 em comparação com as sociedades francesas, com 72,6.

3. *Importância dos créditos comerciais* — Outra particularidade japonesa é a importância relativa dos créditos clientes que chegam a 39% contra 25,7% para as empresas francesas. Em compensação, os créditos fornecedores representam 26,5% do passivo do balanço-modelo japonês con-

tra 31,0% para o caso francês. Pode-se, portanto, estimar que a necessidade de fundos de dinheiro em giro seria mais importante para as empresas japonesas. De fato, um cálculo aproximado revela que em 1979 as empresas japonesas tiveram de financiar a diferença negativa (prazo de pagamento de créditos fornecedores < prazo de recebimento de cartas de crédito) de doze dias de venda, enquanto as empresas francesas se beneficiaram do fluxo de fundos positivos iguais a vinte e quatro dias de venda.

4. *Rentabilidade mais elevada sobre os fundos próprios* — É interessante notar que a rentabilidade sobre os fundos próprios é mais elevada para as empresas japonesas (10,9%) do que para suas homólogas francesas (5,5%). Isso não é um fato novo. Em 1972-1973, o Japão estava na liderança dos países industrializados nesse domínio. Trata-se, evidentemente, de uma conseqüência do nível mais baixo de fundos próprios e um resultado do "efeito de alavanca" de que trataremos mais adiante.

II. Elementos de explicação das particularidades japonesas

1. *O forte crescimento* — O elemento de explicação sem dúvida mais importante consiste nas elevadas taxas de crescimento da economia japonesa, em particular até a primeira crise do petróleo de 1973. O crescimento de uma economia nacional significa um aumento do tamanho do mercado nacional. Para aproveitar esta oportunidade, as empresas japonesas investiram maciçamente em capacidade de produção.

Importantes investimentos de racionalização também foram realizados visando assegurar a competitividade das sociedades em termos duradouros. As necessidades de financiamento destes programas de expansão e de racionalização eram tão importantes que a maioria das empresas japonesas não podia fazê-lo por autofinanciamento (constituído essencialmente de amortizações e lucros após o imposto, após a distribuição dos dividendos). Disso resulta um apelo importante para o financiamento externo, em particular para os empréstimos bancários. A conseqüência mais clara deste fenômeno foi a diminuição incessante da proporção dos fundos próprios/ativo total até 1975.

2. *A estratégia financeira estruturada sobre o efeito de alavanca* — Numa economia em rápido desenvolvimento, as empresas com forte taxa de crescimento em geral podem realizar uma melhor rentabilidade dos capitais próprios em comparação com as empresas mais orientadas para a estabilidade. A estratégia de melhorar a rentabilidade dos capitais próprios através do endividamento é denominada "efeito de alavanca" e foi perseguida com sucesso durante o período de crescimento acelerado; ao que tudo indica parece ser ainda um importante elemento de estratégia para os ramos industriais em forte crescimento.

3. *Sistema financeiro favorável aos empréstimos bancários* — A) Custos do capital — Se as empresas japonesas estão fortemente endividadas isso se deve também ao fato de que o custo efetivo de novas ações é mais elevado do que um empréstimo bancário. Não se trata de um fenômeno especificamente japonês, mas algumas particularidades japonesas tornam ainda menos interessante o financiamento pelo meio indireto do aumento do capital social. Em geral, as sociedades japonesas oferecem suas novas ações em prioridade aos acionistas existentes, seja a título gratuito, seja pelo valor nominal, em vez de praticar o preço de mercado. Este comportamento decorre da preocupação tradicional das empresas japonesas de remunerar assim a fidelidade dos acionistas e manter a popularidade de suas ações e a imagem de marca da sociedade. As empresas emissoras de novas ações são dessa forma privadas da possibilidade de realizar os suplementos ao valor nominal da emissão.

Durante o período 1965-1972, 80% do conjunto das novas emissões eram distribuídos em prioridade aos acionistas, 13% a pessoas especificamente designadas pelas sociedades emissoras, e, finalmente, 7% apenas ao público. Entretanto, essa prática vem diminuindo e a tendência se acelera desde 1976. No que diz respeito às sociedades cotadas na Primeira Seção da Bolsa de Tóquio, 130 novas emissões no valor total de 86,4 bilhões de ienes foram realizadas entre 1976 e 1981 a preço de mercado, o que representa um aumento sensível de 30% em número de emissões e 63% em valor em relação ao período 1973-1975[1]. As empresas japo-

1. Banco do Japão, Boletim mensal, agosto de 1982.

nesas definem seus pagamentos de dividendos em termos de porcentagem do valor nominal. A taxa de dividendo assim decidida é de 11,16%, em 1979, para 518 grandes empresas. Isso representa um custo de capital social da ordem de 20%, considerando-se a taxa global de impostos diretos e outros encargos fiscais, de cerca de 50%. É preciso acrescentar a isso ainda as despesas com emissão e processos administrativos. Esse custo das ações é evidentemente mais elevado do que os custos efetivos dos capitais tomados emprestados que variaram de 10 a 12% nesses últimos anos.

B) O considerável volume dos créditos comerciais — A concorrência que sempre reina no mercado leva os produtores a concederem a seus clientes prazos de pagamento mais longos do que seus concorrentes. A promoção das vendas é, portanto, a primeira razão que explica esse uso muito difundido dos créditos comerciais. A falta de liquidez contribui bastante para isso. As modalidades de pagamento variam, antes de mais nada, em função da política da empresa, em seguida, da conjuntura e da situação da concorrência, notadamente das relações de forças entre o comprador e o fornecedor, e, por fim, da liquidez da empresa compradora. Elas também dependem dos setores de atividade.

Uma modalidade típica consistiria para o comprador em saldar a fatura, uma parte em cheques (cerca de 20%) e o resto em títulos de comércio (80%), cujo prazo de vencimento pode variar entre 30 e 180 dias, de acordo com a situação monetária. O vendedor quase nunca exige os juros que correspondem ao prazo de vencimento do título. Nessas condições, sempre é vantajoso para o comprador obter um prazo tão longo quanto possível. Isso constitui outro elemento que contribui para o desenvolvimento desse modo de pagamento. Em relação ao pagamento dos fornecedores, constata-se há algum tempo uma tendência em saldar a soma total por cheques sem utilizar letras de câmbio, tendo em contrapartida um desconto correspondente. Essa política tem a preferência das empresas cuja liquidez é muito elevada. A sociedade que recebe títulos de seus clientes pode guardá-los até o vencimento, ou então descontá-los antes no banco. Em seu estado atual de liquidez, a maioria das empresas os descontam, para melhorar a situação de sua tesouraria.

Do ponto de vista dos bancos, o desconto dos títulos

comerciais é uma atividade interessante, pois ela se baseia nas transações de bens palpáveis, portanto, numa boa segurança. Mesmo que um título não seja honrado por seu sacador de origem, o banco sempre tem o direito de ser indenizado pela sociedade para a qual efetuou o desconto. O desconto, portanto, é um serviço relativamente seguro e sem maiores riscos para os bancos. Sem dúvida essa é uma razão a mais pela qual o uso de notas comerciais é difundido no Japão.

C) A segurança financeira sob forma de reservas latentes — Podemos nos perguntar por que os bancos japoneses concederam empréstimos a suas empresas-clientes apesar de uma estrutura financeira mais do que precária, segundo os critérios ocidentais. A resposta está no fato de que, para um grande número de empresas, os ativos imobiliários representam reservas latentes muito importantes e que, por isso mesmo, são a melhor segurança para os empréstimos bancários. Devido a fortes altas do terreno que ocorreram sobretudo em 1973 (+35,9%) e 1974 (+34,7%)[2], o valor dos ativos imobiliários levado ao balanço da maioria das empresas japonesas é consideravelmente subestimado. É bom lembrar que o índice-preço do terreno industrial, segundo o Banco do Japão, dobrou entre 1962 e 1968 e novamente dobrou, em apenas três anos, entre 1972 e 1974. Segundo um estudo efetuado nas grandes empresas do conjunto dos setores, o valor real dos terrenos em 1973 está avaliado em 14,6 vezes mais do que o valor lançado no balanço[3]. Uma correção estabelecida em função dessa situação leva a proporção dos fundos próprios/ativo total de 15,3% para 44,9%, dos quais 4,3 pontos são devidos às imobilizações amortizáveis reavaliadas de novo do mesmo modo.

D) Compromisso do "banco principal" — A maioria das empresas, quer sejam pequenas, médias ou grandes, tem relações privilegiadas com um só banco que se denomina *shuryoku ginko*, ou o banco principal.

A empresa pode contar com o benefício de um financiamento prioritário por seu banco principal, mesmo quando a situação monetária é afetada por medidas tomadas pelas

2. Ministério da Construção.

3. Mitsubishi Research Institute, citado na publicação precedente da Agência Nacional de Planejamento Econômico.

autoridades monetárias para limitar os créditos. Em caso de dificuldades, o banco principal tenta ajudar a empresa com a qual mantém relações privilegiadas até mesmo com financiamentos suplementares ou com a designação de responsáveis ou de especialistas no seio dessa empresa para ajudar a corrigir a situação. Em contrapartida, a empresa efetua a maioria das operações financeiras com seu banco principal. A vantagem mais direta desse tipo de relações para o banco é um montante compensatório que resulta de uma parte do financiamento bancário congelado sob a forma de depósitos a termo ou de depósitos à vista. Desse modo, o banco pode rentabilizar esses fundos junto a outras empresas.

Em 1975, esses montantes compensatórios representavam para as cem principais empresas 11,9% do conjunto dos empréstimos bancários e dos títulos de comércio descontados, 56,7% das disponibilidades, e 78,6% do capital social[4]. Os laços estreitos entre o banco principal e seu cliente-empresa não impedem um e outro de travar e manter relações com outros parceiros. Um banco não pode e não deseja comprometer-se por demais com uma mesma sociedade por temor de um risco muito grande, e a empresa, por sua vez, quer aumentar sua capacidade de financiamento bancário junto a outros bancos. Isto é particularmente válido quando se trata de um grande projeto de investimento cujas necessidades financeiras ultrapassam a capacidade de um único banco. Nesse caso, o banco principal desempenha um papel de líder num consórcio constituído por vários bancos. Em todo caso, os bancos são por isso melhor protegidos contra o risco, o que explica de outro modo a elevada taxa de endividamento das empresas japonesas.

E) Taxa elevada de poupança — Nos últimos tempos, o financiamento das empresas por empréstimos bancários tornou-se possível graças a uma taxa de poupança familiar relativamente elevada. Era de 19,4% em 1980 contra 10% para a Grã-Bretanha, 12,5% para a RFA e 14,5% para a França[5]. Essa propensão a poupar deve-se à insuficiência

4. *Nihon Keizai Shinbun*, 8 de dezembro de 1975.

5. "Livro branco da economia nacional", 1982, Agência Nacional de Planejamento Econômico.

das aposentadorias, aos elevados preços de aquisição das habitações e às despesas com educação. Por fim, as modalidades de pagamento dos salários também são um elemento fundamental que permite atingir essa elevada taxa de poupança familiar. O pagamento de bonificação no verão e no fim do ano equivale ao pagamento de vários meses de salários. A maior parte é poupada pelos assalariados pelas razões citadas acima.

4. *Financiamento das PME* — As pequenas e médias empresas têm, em geral, dificuldades para contrair um empréstimo, tendo em vista sua falta de credibilidade e de solvência. Elas devem pagar aluguéis cujo montante é mais elevado que os das grandes empresas e são as primeiras a terem seu financiamento bancário reduzido, ou mesmo interrompido, em caso de conjuntura desfavorável. Assim, há seis instituições financeiras privadas e públicas destinadas especialmente ao financiamento das pequenas e médias empresas.

Um papel não menos importante no financiamento é representado também pelas grandes sociedades comerciais. Seu enorme movimento e os consideráveis fluxos financeiros dele decorrentes permitem a essas sociedades agirem como verdadeiras instituições financeiras (Mitsubishi Corporation, número um desse setor, realizou em 1981 um movimento equivalente a 367 bilhões de francos). Numa operação típica, uma pequena ou média empresa compra matérias-primas de uma sociedade de comércio através de um título de comércio. Depois de efetuada a transformação em produto final, a casa de comércio compra o produto à vista. O mais importante nessa transação é que a sociedade de comércio assume o risco financeiro sempre elevado e específico para uma pequena ou média empresa. É assim que as pequenas ou médias empresas mais modestas têm assegurados financiamentos em fundos de dinheiro em giro, às vezes em fundos de investimento, mesmo que sua situação financeira não lhes permita recorrer aos serviços dos organismos bancários.

III. A tendência recente dos financiamentos

1. *Melhoria da posição dos fundos próprios* — Desde a primeira crise do petróleo, em 1973, as empresas japonesas se orientaram essencialmente para a estabilidade e a rentabilidade. A atitude tradicional de expansão rápida cedeu lugar à consolidação, ao rigor e à prudência da gestão para enfrentar um crescimento moderado e as incertezas cada vez mais elevadas do meio dos negócios. Numerosas operações de *Genryo Keiei* (desbastamento) foram efetuadas desde 1974 em todos os campos relacionados à gestão. Duramente atingidas pelo primeiro choque do petróleo, as empresas japonesas demonstraram grande capacidade de adaptação ao enfrentarem muito melhor o segundo choque de 1979.

O primeiro sinal dessa adaptação é uma melhoria, certamente lenta, mas segura, que prossegue no campo da relação dos fundos próprios face ao ativo total. Constata-se que esse índice aumentou até 16,4% em 1981 depois de ter caído, em 1975, para 13,9%. Essa reduzida dependência em relação aos capitais tomados emprestados resulta num alívio das despesas financeiras. Tal insistência no reforço da estabilidade financeira ocorre em detrimento dos dividendos. A proporção dos lucros colocados em reserva contra os lucros antes da distribuição aumentou de 47,0%, em 1976, para 68,3%, em 1980, enquanto a parte dos dividendos caiu de 43,2% para 25,8% durante o mesmo período, segundo as estatísticas do Ministério das Finanças.

2. *Importância aumentada do autofinanciamento* — O lugar cada vez mais importante ocupado pelo autofinanciamento é um outro aspecto da melhoria do equilíbrio financeiro em termos da relação fundos próprios/ativo total. Em 1980, 78,5% das necessidades dos investimentos em equipamentos foram cobertos pelo autofinanciamento, o que representa um aumento considerável em relação ao período 1967-1974, com apenas 54,9%. Esse fenômeno é contrabalançado pela diminuição relativa dos empréstimos bancários de 32,0% para 13,3% no mesmo período.

Ao mesmo tempo, os métodos de financiamento externo se diversificaram e o critério de escolha passou a se orientar antes sobre os custos do que sobre as disponibilidades. Assim, empréstimos em divisas e emissões de obrigações nos

QUADRO 10 — **Parte do autofinanciamento no conjunto de financiamento em investimento de equipamento**

(setor industrial, %)

	Média 1967-1974		*Média 1975-1978*		*1980*	
Autofinancidmento		54,9		63,9		78,5
— Amortizações	46,4		55,5		61,3	
— Lucros não-distribuídos	8,5		8,4		17,2	
Financiamento externo		45,1		36,1		21,5
— Empréstimos	32,0		20,4		13,3	
— Obrigações	6,5		7,3		3,0	
— Aumento do capital social	3,3		3,5		3,3	
— Outros	3,3		4,9		1,9	
Total		100,0		100,0		100,0
Crescimento anual em investimentos	18,4		−4,6		26,1	

Fonte: Banco do Japão, "Relatório especial", nº 100, maio de 1982.

mercados financeiros internacionais são as novas fórmulas de financiamento em crescimento. O desenvolvimento nesse sentido realiza-se às custas do método clássico de financiamento por empréstimo bancário que teve nesses últimos anos um relativo declínio.

3. *O efeito negativo do efeito de alavanca* — Naturalmente, nem todas as empresas conseguiram adotar essas orientações. Isso aparece de forma clara quando examinamos o número de falências de empresas que se estabilizou no alto nível de 17 000 a 18 000 por ano. Tal situação deve-se essencialmente à precariedade da estrutura financeira das empresas, notadamente das pequenas e médias empresas, que não dispõem de uma margem de segurança suficiente em caso de baixa das vendas. Da mesma forma, ela coloca em evidência as conseqüências nefastas da "política do efeito de alavanca". O maior perigo desta estratégia está no fato de que ela se volta contra a empresa expansionista que a praticou e que não soube remediar isso por um esforço de adaptação.

Já mencionamos que a política de financiamento orientada para o endividamento foi válida antes de 1973, na medida em que as empresas podiam aumentar a rentabilidade dos fundos próprios num prazo de tempo menor do que as empresas que não praticaram essa política. Entretanto, quando o movimento começou a baixar, o que em geral se deu depois de 1973, as empresas mais endividadas foram mais prejudicadas em termos de margem sobre o movimento e a rentabilidade dos capitais próprios do que aquelas que estavam menos endividadas.

CAPÍTULO IV

As estratégias

Uma estratégia determinada é a resposta que se pode proporcionar à questão fundamental que se coloca para todas as empresas: que produtos ou serviços é preciso propor para que mercado, e o que é preciso fazer para assegurar a competitividade durável da empresa? Uma análise dos produtos japoneses que conquistaram uma fatia considerável de mercado a nível internacional permite descobrir um certo número de traços característicos das estratégias japonesas. Esses produtos estão divididos em duas categorias: a que se distingue por uma velocidade de transformação tecnológica relativamente acentuada, e aquela cujo nível tecnológico já atingiu o estágio de maturidade, deixando poucas possibilidades para inovações suplementares.

No primeiro grupo entram produtos relativamente recentes, tais como o magnetoscópio, o relógio a quartzo, o aparelho de som de alta fidelidade, a máquina fotográfica, o controle numérico, etc. O segundo engloba produtos mais ou menos tradicionais, tais como o automóvel, a motocicleta, os barcos, o zíper, o rolamento de esferas, o material de construção, etc. Uma diferença essencial a nível estratégico entre estas duas categorias de produtos é que a primeira baseia-se tanto na inovação do produto quanto na inovação do processo de fabricação, ao passo que a segunda visa principalmente a inovação do processo.

1. *Comercialização rápida e inovações contínuas* — O primeiro ponto que caracteriza os produtos japoneses — que têm como característica fundamental a técnica e o ritmo de inovação tecnológica — é a rapidez com a qual se identifica e se explora o potencial comercial de uma nova tecnologia. O segundo ponto é o tipo de estratégia: melhorar continuamente um novo produto mesmo depois de seu lançamento no mercado. Este conceito tem como finalidade básica diferenciar os produtos para manter sua competitividade. Bom

exemplo disso são os relógios a quartzo. Depois de seu lançamento verificou-se o aparecimento sucessivo de inúmeros novos modelos: relógios a quartzo incorporando, sós ou em combinação, funções como calculadora, despertador, alarmes periódicos, cronômetro, exposição dos fusos horários e assim por diante.

2. *Inovação no processo de fabricação* — Inovações ou aperfeiçoamentos constantes não podem assegurar a competitividade a longo prazo, pois sempre há imitadores. No campo dos equipamentos de alta fidelidade, por exemplo, uma posição de monopólio que se deve a uma inovação inteiramente original tem uma duração máxima de cerca de um ano, segundo a origem profissional. Os fabricantes japoneses enfrentam essa situação recorrendo a duas estratégias: inovações constantes para distanciar os concorrentes, como foi explicado acima, e inovação no próprio processo, ou seja, inovação no método e nos meios de produção a fim de reduzir os custos, o ciclo de produção e os prazos, tendo indiretamente como objetivo melhorar a qualidade do produto. A inovação no processo é a estratégia que se encontra na origem de todos os produtos japoneses aos quais nos referimos aqui, independentemente da velocidade de inovação dos produtos.

3. *Economias de escala* — A competitividade dos produtos japoneses que têm uma posição importante nos mercados internacionais baseia-se sem exceção na estratégia das economias de escala. A racionalidade dessa estratégia reside no fato de que o custo unitário de produção é reduzido em função do desenvolvimento do volume de produção. Nesse aspecto, a estratégia de inovação do processo adquire toda a sua importância. A competitividade em matéria de preços encontra-se assim singularmente aumentada. Com certeza o tamanho considerável do mercado interno japonês favoreceu essa estratégia; no entanto, é preciso assinalar que a maior parte dos produtos foi concebida desde sua origem visando os mercados internacionais, em função dos quais se determinou o volume de produção.

4. *A abertura internacional* — Uma estratégia baseada num grande volume de produção exige que os produtos sejam comercializados no mundo inteiro. A integração da dimensão internacional torna-se então um elemento

inteiramente prioritário da política da empresa. Nessa perspectiva, o mercado interno é considerado como uma parte do mercado mundial. Esta orientação internacional irá condicionar todas as ações da empresa desde a concepção do produto até o serviço de após venda, passando pela determinação do volume de produção. M. Honda, o fundador da Sociedade Honda, exprimiu muito bem essa orientação quando declarou que não se pode ser o número um no Japão se não se é o número um no mercado mundial. Esses princípios sem dúvida permitiram à Sociedade Honda ocupar a posição mais importante no mercado mundial, com 48% do mercado de motocicletas.

5. *A importância dada à participação no mercado* — Para a maioria das empresas japonesas, o crescimento da participação no mercado é um dos objetivos primordiais. Ela é, portanto, o indicador fundamental da confiabilidade geral da empresa e também da confiança do público em relação a ela. Essa grande atenção dada à participação no mercado é apenas um outro aspecto da estratégia orientada para a produção em grande escala. Deter a maior parte do mercado significa que se está em condições de fabricar ao custo mais baixo e, portanto, de resistir da melhor maneira à concorrência dos preços. Pode-se mesmo dizer que as empresas japonesas não hesitam em sacrificar a rentabilidade a curto prazo para se implantarem firmemente num novo mercado. No que diz respeito ao mercado japonês, os maiores produtores em termos de participação no mercado souberam manter sua posição apesar do considerável esforço dos concorrentes. Esse é o caso do automóvel, das motocicletas, de certos setores alimentícios, tais como a cerveja, café solúvel, maionese, etc. Aliás, foi empiricamente demonstrado que há uma estreita correlação entre a participação no mercado e a rentabilidade da empresa[1].

6. *Diversificação* — Por fim, uma comparação com vários países revela que a diversificação é menos intensa no Japão do que nos países ocidentais[2]. Isso se explica também

---

1. Por exemplo, R. D. Buzzel *et al.*, "Market Share, a Key to Profitability", *Harvard Business Review*, janeiro-fevereiro de 1975.

2. H. Yoshihara *et al.*, "Estratégias de diversificação das empresas japonesas" (em japonês), Tóquio, Nihon Shimbum, 1981, p. 57.

pela elevada taxa de crescimento econômico do Japão, que permitiu às empresas japonesas verem sua atividade se desenvolver sem recorrer à estratégia de diversificação. Numa economia cuja taxa de crescimento diminui, é provável que as diversificações sob todas as suas formas aumentem. Trata-se de diversificações internas, e não externas, pois no Japão a compra de uma sociedade existente por um grupo ou por uma outra sociedade não se faz com a mesma facilidade que no Ocidente. Os imperativos de crescimento interno têm, portanto, como efeito, intensificar a concorrência, pois o número de concorrentes encontra-se assim aumentado.

7. *As estratégias de marketing* — A) Segmento do mercado visado — Os produtos japoneses são concebidos e propostos ao número mais elevado possível de segmentos geográficos e sócio-profissionais a fim de aumentar o movimento e satisfazer as necessidades dos consumidores no plano da escolha dos produtos. Entretanto, o esforço principal é dirigido para a média do segmento que em geral assegura o maior movimento. Isso não impede que os extremos do segmento também sejam propostos. Assim, a gama de produtos é, em geral, mais extensa em relação aos concorrentes estrangeiros.

B) A estratégia dos preços — Distinguem-se duas estratégias em matéria de preços: estratégia de penetração e estratégia de seleção. A primeira consiste em se dirigir aos segmentos mais amplos através de preços facilmente acessíveis e mesmo agressivos. A segunda, ao contrário, visa a segmentos de população mais ricos com preços mais elevados. Em geral, as empresas japonesas se caracterizam pela estratégia de penetração. Esta combina perfeitamente com a que insiste sobre a parte do mercado e a que se baseia na produção em grande série. Num certo número de casos, a relação qualidade/preço inscreve-se diretamente nessa estratégia do preço.

8. *Ênfase na rentabilidade e na estabilidade* — Contrastando de maneira considerável com a estratégia de crescimento perseguida durante anos anteriores a 1973, as empresas japonesas hoje colocam uma enfâse maior na rentabilidade e na estabilidade do que no crescimento. Essa mudança de estratégia traduz-se pela redução do tamanho da empresa, notadamente do pessoal. Numerosas empresas suspenderam

novas admissões, ou mesmo reduziram o pessoal e os quadros existentes. Outro fenômeno recente é a tendência a reembolsar os empréstimos bancários, motivada em primeiro lugar pela falta de oportunidades de investimento, e, em segundo lugar, pela intenção de reduzir os custos financeiros. Esse movimento testemunha claramente a preocupação dos dirigentes de negócios japoneses a respeito da estabilidade da empresa expressa em termos de participação maior dos capitais próprios.

9. *Pesquisa e desenvolvimento* — O crescimento dos capitais próprios é possível em larga medida devido ao aumento dos lucros não distribuídos. Isso exige que a rentabilidade seja melhorada e/ou que o volume de negócios aumente. O essencial é, então, desenvolver produtos que sejam suficientemente competitivos e diferenciados para assegurar margens de lucro superiores às realizadas pelos concorrentes. Pode-se dizer, portanto, que a pesquisa-desenvolvimento será a chave das estratégias de sobrevivência das indústrias e da economia japonesa. Tais esforços serão dirigidos para os novos produtos com alto conteúdo de conhecimento, de informação e de tecnologia, em vez dos produtos tradicionais que contêm uma parte considerável de mão-de-obra e de capitais.

Essa nova atitude dos dirigentes de empresas significa uma mudança fundamental de comportamento; em vez da concorrência realizada apenas a nível de preços, temos agora uma concorrência que consiste em efetuar uma importante diferenciação dos produtos graças à pesquisa e desenvolvimento. Essa estratégia parece ser a única solução que permite a absorção dos elevados custos de energia, de mão-de-obra, de investimentos ecológicos e da inflação.

Conclusão

A contribuição do *management* japonês às empresas francesas é provavelmente que ele faz e fará com que se descubram "modelos" próprios na França mesmo. Nesses últimos anos, ficou demonstrado que por toda parte uma empresa obtém sucesso pelas mesmas razões. A chave do sucesso é a correspondência entre o mercado e o produto. Isso exige que a empresa esteja sempre na escuta do mercado e que os preços, a qualidade, os prazos de entrega e o serviço de após venda de seus produtos continuem competitivos. Tal competitividade só poderá ser assegurada de uma forma duradoura se o prazo de passagem da concepção para a comercialização for reduzido e inovações de processos forem constantemente pesquisadas e realizadas. Além disso, uma mundialização das atividades será necessária para se beneficiar plenamente do jogo das economias de escala. Quem concebe e executa as estratégias são homens. A motivação e a adesão do pessoal são, portanto, primordiais. Elas são suscitadas por sua autonomia, sua responsabilidade, sua formação e sua participação nas decisões, na informação e nos resultados da empresa. No fim das contas, quem determina o destino da empresa é o dirigente. Sua legitimidade e sua liderança dependerão muito de sua transparência, coragem, dinamismo e senso de responsabilidade perante a comunidade de sua empresa.

Por seu desempenho e vitalidade, a empresa japonesa continua suscitando interesse no plano internacional. Talvez seja tempo de apreciar a qualidade da administração japonesa em seu justo valor. Pensamos que a empresa não é uma finalidade em si mesma, mas sim um meio para melhorar as condições de existência, acima de tudo, de seus trabalhadores. Quando examinamos a empresa japonesa sob esse aspecto, somos obrigados a constatar que seu "sucesso" foi realizado em grande parte graças ao sacrifício de seus empregados. Sacrifícios sob forma de longa duração do trabalho, de poucos dias de férias efetivamente gozados, de qualidade de habitação lamentável, de proteção social insuficiente, de separações familiares como resultado das mudanças impostas, etc. Uma tal empresa pode ser considerada um "modelo"? A resposta é evidentemente não. No entanto, esta é a realidade da maioria das empresas japonesas.

O que acontecerá quando um dia os japoneses tiverem atingido um nível de vida semelhante ao dos ocidentais? Seu sucesso nesse plano subverterá os dois fundamentos que fizeram do Japão o que ele é hoje: a ética do trabalho e a coesão social. Já há sinais precursores: independência, até desinteresse em relação à empresa, preocupação com o interesse particular às custas do interesse coletivo, desintegração das células familiais, valorização do lazer em detrimento do trabalho, para citar apenas alguns fenômenos.

Se os japoneses não escaparem do destino econômico que foi reservado aos europeus e, nesses últimos anos, aos americanos, o declínio relativo da indústria japonesa parece difícil de evitar. Resta saber o que os japoneses terão realizado antes que esse destino tome forma.

Bibliografia

I — *Publicações periódicas*

(M = mensal, T = trimestral, 2 = dois números por ano)
Japon Economie (M), Escritório franco-japonês, Paris.
Focus Japan (M), Jetro, Tóquio.
Hitotsubashi Journal of Commerce and Management (2), Hitotsubashi University, Tóquio.
Japanese Economic Studies (T), M. E. Sharp, Nova York.
The Journal of Japanese Studies (M), University of Washington, Seattle.
Japanese Finance and Industry (T), The Industrial Bank of Japan, Tóquio.
Japan Labor Bulletin (M), Japan Labor Institute, Tóquio.
Japan Quarterly (T), Asahi Shimbun, Tóquio.
Management Japan (2), International Management Association of Japan, Tóquio.
Tóquio Business Today (M), Toyo Keizai, Tóquio.
The Wheel Extended (T), Toyota Motor Corporation, Tóquio.

II — *Obras*

1) Gestão em geral
"Le Japon; mode ou modèle?", num. esp., *Revue française de Gestion*, Paris, Fnege, 1980.
GÉLINIER, OCTAVE, *Morale de la compétitivité*, Paris, Ed. Hommes et Techniques, 1982.
MAURY, RENÉ, *Marianne à l'école japonaise*, Paris, Plon, 1986.
OUCHI, WILLIAM, *Théorie* Z, Paris, Interéditions, 1982.
PASCALE, RICHARD T., *et al., Le management japonais est-il un art*?, Paris, Ed. d'Organisation, 1984.
ABEGGLEN, JAMES C. *et al.*, *Kaisha, the Japanese Corporation*, Nova York, Harper & Row, 1985.
AOKI, MASAHIKO, (ed.), *The Economic Analysis of the Japanese Firm*, Amsterdam, North-Holland, 1984.

CLARK, RODNEY, *The Japanese Company*, Yale University Press, 1979.

KOHNO, TOYOHIRO, *Strategy and Structure of Japanese Enterprises*, Londres, Macmillan, 1984.

MCMILLAN, CHARLES J., *The Japanese Industrial System*, Berlim, De Gruyter, 1985.

VOGEL, EZRA, *Modern Japanese Organization and Decision-Making*, Tóquio, Tuttle, 1975, 1985.

2) Fundamentos históricos e socioculturais.

BELLAH, ROBERT, *Tokugawa Religion*, Nova York, Free Press, 1957; 2ª ed., 1985.

HIRSCHMEIER, JOHANNES, *et al.*, *The Development of Japanese Business*, Londres, George Allen, 2ª ed., 1983.

MARSHAL BYRON, K., *Capitalism and Nationalism in Prewar Japan*, Stanford, Stanford University Press, 1967.

3) Os dirigentes

MANNARI, HIROSHI, *The Japanese Business Leaders*, Tóquio, University of Tokyo Press, 1974.

SHIMIZU, RYUHEI, *Top Management in Japanese Firms*, Tóquio, Chikusa, 1985.

4) A gestão dos recursos humanos

NISHIKAWA, SHUNSAKU, *The Labor Market in Japan*, Tóquio, University of Tóquio Press, 1980.

DORE, RONALD, *British Factory, Japanese Factory*, Berkeley, University of California Press, 1973.

Japan Institute of Labor, *Labor Unions and Labor-Management Relations*, Tóquio, 1983.

SHIMADA, HARUO, *The Japanese Employment System*, Tóquio, Japan Institute of Labor, 1981.

TAKEZAWA, SHIN-ICHI, *et al.*, *Work Ways*, Tóquio, Japan Institute of Labor, 1981.

SHIRAI, TAISHIRO, *Contemporary Industrial Relations in Japan*, Madison, University of Wisconsin, 1983.

5) A gestão dos recursos financeiros.

Federations of Bankers Associations of Japan, Tóquio, Banking System in Japan, 1984.

TROUGHTON, HELEN, *Japanese Finance*, Londres, Euromoney, 1987.

PRINDL, A. R., *Japanese Finance: A Guide to Banking in Japan*, Nova York, John Wiley, 1981.

6) A gestão dos recursos materiais

ARCHIER, GEORGES, e SÉRIEYX, HERVÉ, *L'entreprise du troisième type*, Paris, Seuil, 1984.

ISHIKAWA, KAORU, *La gestion de la qualité*, Paris, Dunod, 1983.

SHINGO, SHIGEO, *Maîtrise de la production et méthode Kanban*, Paris, 1983.

VOLLE, JACQUES, *Comment les Japonais qui produisaient mal produisent-ils maintenant trop bien*? Paris, Hommes et Techniques, 1982.

LYNN, LEONARD H., *How Japan Inovates*, Bolder, Westview Press, 1982.

SCHONBERGER, RICHARD J., *Japanese Manufacturing Techniques*, Nova York, Free Press, 1984.

7) Relações Estado-indústria

JOHNSON, CHALMERS, *MITI and the Japanese Miracle*, Tóquio, Tuttle, 1982.

LINCOLN, EDWARD J., *Japan's Industrial Policies*, Washington DC, Japão, Economic Institute of America, 1984.

8) Organização industrial

CAVES, RICHARD, e UEKUSA, MASU, *Industrial Organization in Japan*, Washington DC, The Brookings Institution, 1976.

9) Mundialização e sociedades de comércio

FRANCO, LAWRENCE G., *Réplique occidentale aux multinationales japonaises*, Paris, PUF, 1983.

HABER, DANIEL, *L'Empire du Commerce Levant*, Paris, Ed. des Presses Universitaires, 1980.

TAKAMIYA, SUSUMU, (ed.), *Japan's Emerging Multinationals*, Tóquio, University of Tokyo Press, 1985.

YOSHIHARA, KUNIO, *Sogo Shosha*, Oxford University Press, 1982.

OZAWA, TERUTOMO, *Multinationalism, Japanese Style*, Princeton, Princeton University Press, 1982.

impressa metodista
Impressão e acabamento
Av. Senador Vergueiro, 1301
Fone: 452-1777
São Bernardo do Campo - SP
Brasil